Kaspar Decurtis

Volkstümliches aus Graubünden

Kaspar Decurtis
Volkstümliches aus Graubünden
ISBN/EAN: 9783743365971
Hergestellt in Europa, USA, Kanada, Australien, Japan
Cover: Foto ©ninafisch / pixelio.de

Manufactured and distributed by brebook publishing software (www.brebook.com)

Kaspar Decurtis

Volkstümliches aus Graubünden

Volksthümliches

aus

Graubünden.

Gesammelt und herausgegeben

von

Dietrich Jecklin.

Zürich,
Druck von Orell Füßli & Co.
1874.

Des
Volksthümlichen aus Graubünden
I. Theil.

Sagen vom wüthenden Heer, Todtenvolk, Nachtvolk,
weiße Frauen, Nornen, Doggi, Fänggen, Dialen,
Geister, Ung'hür, seltsame Begebenheiten,
Hexen und Hexenmeister;

mit einem Anhang:

Märchen aus dem Bündner Oberlande,

gesammelt und nach dem Räto-Romanischen erzählt

von

Caspar Decurtins.

Motto:
Jede Sage sagt nicht blos, sie besagt auch Etwas.

Ferd. Bäßler.

Meinem Vater
Constantin Zecklin

und

Den Freunden rätischen Volkslebens

Alphons Flugi **Ferd. Vetter**
von Aspermont Prof. Dr. Philol.

in Chur

Der Verfasser.

Vorwort.

Mit der Geschichte eines Landes läuft eine mehr oder minder lange Reihe von Sagen und Märchen, deren Kern oft aus mythologischen Bruchstücken besteht, und deren Sprossen nicht selten einem Grunde entsteigen, welcher für Glaubwürdigkeit zeugt; ihre Zweige durchziehen das Gemüth von Alt und Jung und bezeichnen meistens Herkunft, Charakter, Sitten und Gebräuche des Volkes, in deren Munde sie geht.

Was nun gerade die Sagen in Graubünden angeht, haben viele derselben in der Mythe ihren Ursprung, nur sind Zuthaten und Ausschmückung, je nach der Thalschaft, die sie beherrscht, oft eigen, und die Sinnesart der Bewohner kennzeichnend.

Die **Mythe** tritt in unsern Sagen mehr als nur sporadisch auf. In ordentlicher Folge treffen wir in denselben Wuotan mit dem wüthenden Heere, Nachtvolk und Todtenvolk, Holba-Berchta, die Alpenmutter, die Nornen, dann die elbischen Wesen, Schrättlig, Doggi, Fänggen (wilden Männli), Dialen und den Buz (Buzibau), ferner die Hexen und deren geheimnißvolle Praxis, Leben und Treiben.

Wie unser vaterländischer Dichter **Alphons Flugi** von **Aspermont** in stiller Zurückgezogenheit seine Gedankenspähne zur Fortsetzung seiner sehr verdienstlichen Sagensammlung aus Graubünden zu ordnen im Begriffe steht, ist neuester Zeit in der Person des jungen Studierenden **Caspar Decurtins** von Trons eine tüchtige Kraft in die Schranken getreten. Sind dessen einzelne Beiträge für vorliegendes kleine Werk an und für sich schon werthvoll genug, wird die Sammlung der den Anhang bildenden Märchen Kennern und Laien sehr willkommen sein. Sowohl das Sammeln dieser Märchen, als auch die sorgfältige Bearbeitung zeigen die rastlose Thätigkeit und Tüchtigkeit der jungen Kraft.

Die von Herrn Decurtins mitgetheilten Sagen sind größentheils in seiner gelungenen Arbeit „Ueber Sage und Volksdichtung des romanischen Oberlandes" im Centralblatt 6—8 des Zofinger-Vereins 1873 abgedruckt. Der gleichen Abhandlung entnahm ich auch die Nachrichten über die Hexenprozesse aus diesem Thale.

Außer in genanntem Blatte ist bis heute noch in keinem literarischen Organe dieser vorzüglichen Arbeit des Hrn. Decurtins erwähnt.

Auch dem Herrn J. J. Obrecht, Professor an der bündn. Kantonsschule, ist Verfasser, angesichts der gütigen Mittheilungen, anerkennend sehr verbunden; durch ihn wurde ermöglicht, eine Sammlung der Bündner Sagen erheblich zu vervollständigen.

Zudem finden sich die Quellen, die der Bearbeitung zu Grunde lagen, in Auszügen aus authentischen Schriften, oder in Mittheilungen von Stadt und Land, und mit Vergnügen sandten auch die H.H. Studiosen an der bündn. Kantonsschule Ergebnisse ihrer Forschungen ein.

Chur, im Januar 1874.

Der Verfasser.

Das wüthende Heer.

Einst schlief ein Knabe auf dem Wege von Obersaren nach Tavanasa in der Nähe der Burgruine Heidenburg unter den Aesten einer riesigen Tanne. Da weckte ihn ein verworrenes Geräusch, wie wenn die Windsbraut in tödtlichem Kampfe läge, und über ihn hin raste ein Zug von wilden Reitern und Reiterinnen; sein Pathe selbst, auf feurigem Rosse, schloß den Zug. — Das war das wüthende Heer, von dem er schon erzählen gehört.

Das Nachtvolk in der Jeninser=Alpe.

Ein Mann kam mit einer Kuh längst nach der Alpentlabung durch die Jeninser=Alpe und übernachtete in einer Sennhütte. Um Mitternacht wurde er durch einen großen Lärm aus dem Schlafe gestört, und da war es das Nachtvolk, welches ihn durch den Lärm geweckt hatte, und eben tüchtig zechte und schmauste, und das zur Schmauserei nöthige Fleisch aus dem Leibe seiner Kuh herausschnitt. Das Nachtvolk lud den Bündner ein, mit zu halten, und der dachte sich, wenn es so „für und nach geht", so will ich dazu thun, ging hin, schnitt aus seiner Kuh ein Stück Fleisch, und steckte es, wie die andern Zecher, an einen „Spieß", um es an dem gleichen Feuer zu braten. Nachdem das nächtige Gesindel bei Tagesanbruch sich entfernt hatte, fand der Bündner seine Kuh ganz unversehrt, mit Ausnahme des Stückes Fleisch, das er selbst ausgeschnitten und gegessen hatte.

Die Nachtschaar im Schmittener-Tobel.

Zwischen den Dörfern Alvaneu und Schmitten ist ein zerrissenes, dicht bewaldetes Tobel, durch welches auch ein Weg nach dem Bade Alvaneu führt. Niemand geht bei Nacht durch dieses Tobel, wenn er nicht hart muß. — Einstens mußte ein Jüngling in der Nacht von Schmitten nach dem Bade, um den Doktor zu holen, als er im Tobel eine herrliche Musik hörte, welcher er lange Zeit lauschte; allein bald gewahrte er mit Schrecken, daß eine große Schaar dunkler Gestalten daher kam, voran ein Musikant. — Er wollte sich verstecken, aber Einer im Zuge holte ihn aus seinem Verstecke hervor, und er mußte mit. Nun ging's bergab, bergauf, hin und her, die ganze Nacht, bis gegen Morgen, wo Halt gemacht wurde. Der Junge mußte in die Mitte treten, und die Andern tanzten Alle um ihn herum; es geschah ihm nicht das Geringste. Als die Morgenglocke ertönte, zerstob die nächtliche Gesellschaft plötzlich, und mit Mühe fand der Junge den Weg durch das ihm unbekannte Gesträppe. — Er traf den Arzt, brachte sein Anliegen vor und erzählte seine Erlebnisse während der letzten Nacht. — Der Doktor ging mit ihm nach Schmitten, wo die leidende Mutter des Jungen die Krisis überstanden hatte und auf dem Wege der Besserung sich befand; ihr Sohn aber, der hatte über die ihm begegnete Geschichte einen solchen Schrecken in sich gefaßt, daß er irre wurde.

Das Nachtvolk auf Obersaxen.

Ein Bauer ging spät in der Nacht an dem zerfallenen Stalle, dessen Umgebung „Sand" genannt wird, eine halbe Stunde vom Meierhof entfernt, vorbei. Da hörte er ein Tönen, wie wenn man an metallene Gegenstände schlägt, und durch die Bäume gewahrte er einen lichten, rothen Glanz, gewahrte auch geisterartige Gestalten um den Stall herumhüpfen; einige dieser Gestalten spielten mit goldenen Kugeln, die sie in den Händen hielten. Der Mann versteckte sich und sah lange dem Treiben zu. Jetzt vernahm er die

schönste Musik, die er seiner Lebtage je gehört hatte, und alsbald
fingen die Gestalten an zu tanzen; dann verstummte die Musik, und
die Gesellschaft fing einen solchen Spektakel an, daß ihm Hören und
Sehen vergingen. Wie er nun so da lag, und einer der umherspringen=
den nächtlichen Geister ihn entdeckte, wurde er von diesem ziemlich
unsanft am Kragen gefaßt, und auf den Heimweg gewiesen. — Obgleich
seiner Sinne kaum mächtig, konnte er noch bemerken, daß die Ge=
stalten keine bestimmte Form hatten, aber dreikantige Köpfe trugen,
mit feuersprühenden Augen, und daß ihre Stimme nur ein Krächzen
war, keine menschliche Stimme. Er ging heim und lag über dem
Schrecken mehrere Wochen krank. — Dieser Spuk wurde zur gleichen
Zeit auch von andern Personen gesehen, die den gleichen Weg passirten.

Der entführte Senne.

Auf der Alp Greina war ein Senne, welcher sich an einem
regnerischen Abende zu den Zeitkühen auf den „Sattel" begab, um
ihnen das nöthige Salz zu geben. Obgleich er längst wußte, daß
die Nachtschaar über diesen „Sattel" ihren gewohnten Zug hatte,
und es ohnehin spät an der Tageszeit war, zog er guten Muthes
hin. Auf der Höhe des Bergrückens vernahm er aber in seiner Nähe
ein unheimliches Getöne und seltsames Geräusche, und von einer
unsichtbaren Macht ergriffen, wurde er nicht weit vom Boden durch
die Luft, in ein ganz entlegenes Alpenthal entführt, das ihm ganz
unbekannt war. In diesem Thale irrte er wohl die halbe Nacht
umher, ohne einen Ausweg zu finden. Endlich fing er an zu schreien,
aber Niemand hörte ihn oder gab ihm Antwort. — Die andern
Sennen in der Hütte hörten vom Dache herunter eine klägliche
Stimme, die um Hülfe rief, und machten sich, da ihr Genosse noch
nicht zurückgekehrt, auf, ihn zu suchen, fanden ihn aber nirgends,
bis der Vermißte nach anderthalb Tagen hungrig und ganz zersetzt
und zerschlagen in der Hütte ankam, wo er sein Abentheuer erzählte.

Wanderung nach Einsiedlen.

Einst hütete ein Knabe zu Compabiels die Ziegen an einer
Steinhalde des Pic Gliems. Wie nun seine Thiere weideten oder

umherſprangen, ſaß er auf einem Stein und dachte, wie er ſo lieber in die Kirche gegangen wäre, anſtatt Geißen zu hüten, und ließ ſeinen Wunſch laut werden, „aber es iſt zu weit". „O nein", ſprach leiſe eine Stimme hinter ihm. Erſchrocken wendete der Knabe ſich um und ſah einen Jungen ſeines Alters hinter ihm ſtehen, der ſagte weiter: „Wenn du in die Kirche willſt, ſo komm nur mit mir, eben läutets in Einſiedlen zum Amte, wir kommen noch recht." — „Ja ich will gerne, aber die Geißen?" „Die laufen nicht weg, komm, es läutet bald aus."

Die Beiden gingen, und der von Compadiels betrat eine ganz unbekannte Gegend. Noch keine fünf Minuten waren ſie gegangen, als ſie vor dem ſchönen Stiftsgebäude in Einſiedlen anlangten. Sie wohnten dem Amte bei, gingen dann im Orte herum, und unſer Compadielſer, der ſein Lebtag ſolche Herrlichkeiten nie geſehen, konnte ſich nicht ſatt ſehen. Er verlor ſeinen Gefährten, ſo war er in Gedanken vertieft.

Die untergehende Sonne mußte ihn an den Heimweg mahnen; es wurde ihm bange, wie er ohne den Kameraden den Rückweg finden möge, rathlos ſtand er da und jammerte.

Wiederum ſtand der fremde Junge hinter ihm und tröſtete ihn: „Komm nur", nahm ihn bei der Hand, und führte ihn in Zeit von fünf Minuten von Einſiedlen wieder an die ſteile Halde ob Compadiels, wo die Ziegen alle noch gemüthlich weideten.

Der fremde Junge verſchwand aber vor den Augen des Andern, und dieſer Letztere ging nun nichts lieber als Geißhüten an der Halde, von wo er durch den Fremden nach Einſiedlen geführt wurde, ſo oft er zur Kirche wollte.

Trotz der frommen Geſinnung ſchlich ſich aber nun auch Gewinn- ſucht in die Seele des Hirtenknaben, und der wollte ſich durch Liſt das Selbſtfinden des Weges nach dem Stifte aneignen, um auch Kameraden auf demſelben dorthin zu geleiten, ohne Hülfe des Frem- den, und in der Abſicht, dadurch Geld ſich zu verdienen. Er nahm einſtens zum Zwecke, den Weg ſicher zu finden, kleine Holzſtücke mit, die er von Zeit zu Zeit in die Erde ſteckte.

Sein Führer merkte die Absicht und führte ihn lange im Gebirge herum, ließ ihn hoch auf einem Berge sitzen und verschwand. Der Verlassene hatte drei Tage zu gehen, bis er dießmal wieder daheim war, und mit dem nach Einsiedlen wandern war's für immer aus.

Das Todtenvolk im Prätigäu.

Einst wüthete die Pest im Prätigäu und eine angesehene Familie flüchtete sich in ein entlegenes Berggut, einen Knecht zurücklassend. Diesen ließ die Familie von Zeit zu Zeit fragen, ob sie nicht bald wieder heimkehren könne, er aber warnte selbst dann noch davor, als längere Zeit kein Pestfall mehr vorgekommen war. — Endlich, nachdem ein altes Weib noch daran gestorben war, ließ er die Herrschaft heimkehren und erzählte dann, er habe kurz vor dem Ausbruche der Pest eines Morgens früh beim Füttern der Pferde ein sonderbares Gemurmel, wie Bienengesumse, vom Dorfe her gehört, er sei unter die Thüre getreten, um zu schauen, was es gebe, und habe dann das Todtenvolk, einen langen Zug noch lebender Leute gesehen, dem Kirchhofe zuwallen, und zwar ganz in der Reihenfolge, wie sie später an der Pest verstorben seien. Zuletzt sei dann noch, eine ziemliche Strecke hinter den Andern, jenes alte Weib nachgehumpelt, welches die Seuche zuletzt hinraffte. Deßwegen habe er bis zu deren Bestattung die Herrschaft vor der Rückkehr gewarnt.

Das Todtenvolk in Davos.

Ein Davoser wollte zu seinem Mädchen in den Heimgarten gehen. Ein Geräusch scheuchte ihn aber vor der Hausthüre in einen Schopf, und da sah er eine Menge dunkler Gestalten vor dem Hause sich versammeln, und alsdann mit einem Sarge sich entfernen, jedoch nicht auf dem gewöhnlichen Kirchwege, sondern auf einem Umwege. Bald darauf starb die Mutter seiner Geliebten, und ihr Leichenzug war genöthigt, wegen des Austretens eines Baches den Kirchweg zu verlassen und den ungewöhnlichen, von dem Todtenvolke eingeschlagenen Weg nach dem Kirchhofe zu nehmen.

Das Todtenvolk in der Alpe Novai.

Wenn Jemand im Herbste in der Alpe Novai, nachdem das Vieh von der Alpe heimwärts gezogen, in gewissen Nächten übernachte, so sehe er einen Mann aus dem Käsekeller der Alphütte heraufkommen mit Sennenlederkappe und aufgestülpten Hemdärmeln. Der Mann zündet dann Feuer auf dem Herde an, und schaue "grausam laib" drein, bis es zwölf Uhr schlage, dann beginne es draußen vor der Hütte sich zu regen und zu versammeln, das sei das Todtenvolk; das singe dann dem Sennen ein Lied nach, das wie ein Psalm töne, und ziehe in langer Reihe langsam und singend thalab, in eines der Dörfer, einen "Neuen" (Todesgeweihten) zu holen vor Tagesanbruch, wo Alles wieder zerstiebe.

Das schwere Kind.

Zwei Edelleute erblickten auf dem Wege nach Chur an einem Busche ein kleines Kind liegen, das in Linnen eingewickelt war. Der Eine hatte Mitleiben, hieß seinen Diener absteigen und das Kind aufheben, damit man es in das nächste Dorf mitnehmen und Sorge für es tragen könne. — Als der Diener abgestiegen war, das Kind erfaßte, um es aufzuheben, war er es nicht vermögend.

Die zwei Edelleute verwunderten sich hierüber und befahlen dem andern Diener, auch abzusitzen und zu helfen. — Aber Beide mit gesammter Hand waren nicht so mächtig, es nur von der Stelle zu rücken.

Nachdem sie es lange versucht, hin und her geschoben und gezogen, hat das Kind angefangen zu sprechen und gesagt: "Lasset mich liegen, denn Ihr könnt mich doch nicht von der Erde wegbringen; das aber will ich Euch sagen, daß dieß ein köstliches und fruchtbares Jahr sein wird, aber wenig Menschen werden es erleben." Sobald es diese Worte geredet hatte, verschwand das Kind.

Die Jungfrau mit dem Golde.

Auf der hohen Alp Russein handthierte wacker ein Senne mit seinen Gehülfen. An einem schönen Sommermorgen öffnete sich plötzlich die Thüre, und herein trat eine fremdartige und doch Vertrauen erweckende Gestalt; in reichen Wellen fielen ihre goldenen Flechten über die blendenden Schultern herab, in ihren zarten Händen trug sie ein Gefäß, und im Gefäße funkelte flüssiges Gold. „Jeder Hirte solle davon erhalten so viel ihm beliebe, hüte sich aber, auch nur einen Tropfen zu verschütten", mahnte die Fee. Zwei der Sennen waren genügsam, als sie ihr Gefäß ein Mal gefüllt hatten; der dritte aber, ein geiziger, habsüchtiger Mann, wollte immer mehr, stolperte und verschüttete ein wenig vom Golde, und — Gold und die segenspendende Erscheinung entschwanden den Blicken der Hirten.

Die Quellenjungfrau zu Haldenstein.

In der Nähe des Schlosses Haldenstein geisterte viele Jahre lang eine Jungfrau in einem Brunnen. Öfters entstieg sie demselben in einem schneeweißen Gewande und wärmte sich am goldnen Strahle der Mittagssonne.

Die Sage über diese Quellenjungfrau gibt Flugi so schön:

Den hohen, dunkeln Wald entlang
Da schreitet ein Jäger in hastigem Gang;
Was schimmert und glänzet so hell?
Was seufzet und stöhnt durch den schweigenden Hain?
Was weinet und wimmert im Mondenschein,
Und klaget am verruf'nen Quell?

Was will denn die dort leise wallt,
Die bleiche, gespenstige Nebelgestalt,
Was lockt und winkt sie mit der Hand? —
„O, eil' nicht so hastig, lieb' Jäger, zu Thal,
Erlöse, erlös' mich von langer Qual,
O, reich' mir die wärmende Hand!" —

Und schaut ihn an so sehnsuchtsvoll,
Und Thräne um Thräne dem Auge entquoll,
Und netzte das weiße Gewand;

Da wurde dem Mann so seltsam zu Muth,
Da schlug ihm das Herz, da faßt er sich Muth,
Und reicht' ihr die rettende Hand. —

Wie er sie faßt, die Hand von Eis,
Da rollt es durch die Adern ihm heiß,
Als stünden die Bäume in Brand;
Und hinter ihm stürmt es in schauriger Eil'
Wie Schlangengezische, wie Wolfsgeheul' —
Fest hält doch der Jäger die Hand. —

Und stille wird's; — was will denn dort
Das graue Männlein; was winkt es ihm fort?
Sein Körbchen von lauter Demant
Wie schimmert's und flimmert's im Mondesglanz
Von glühendem Golde gefüllet ganz; —
Fest hält doch der Jäger die Hand. —

Es springt ein Wolf mit einem Kind:
„O, rette es, Vater, o, rett' es geschwind."
Es winkt dir mit zitternder Hand; —
Wohl rannte der Wolf vorüber so schnell,
Wohl tönte des Kindes Gewimmer so gell —
Fest hält doch der Jäger die Hand. —

Da leuchtete der Maid Gesicht
In trunkener Freude: „so trog ich mich nicht!
Du hast mir gehalten die Hand!
So nimm dir zum freundlichen Dankessold
Das Demantkörbchen, gefüllt mit Gold." —
Sie reicht' es ihm, und verschwand. —

Die Donna di Valnüglia.

In dem waldigen Hochthale Buffalora (im Münsterthale) wohnten einst gütige Feen, und ein schönes, grünes Alpenthal breitete dort sich aus. Aber durch den Vorwitz der Bewohner wurden die Geister veranlaßt, die Gegend zu verlassen, die seitdem verödete. An die Stelle der holden Feen ist später ein seltsames Gespenst getreten, die Donna di Banüglia, eine weiße Frauengestalt, die aus dem Thale Nüglia herauskommt, und bei Tag und Nacht dort umgeht. — Diese interessante Persönlichkeit war einstens Schaffnerin im Schlosse zu Zerneth und veruntreute viel Gut. Nach ihrem Tode ging sie, mit ihrem mächtigen Schlüsselbunde rasselnd, im Schlosse um, bis die Schloßherrschaft durch einen geschickten Geisterbeschwörer in das öde Thälchen Nüglia sie bannen ließ. Dort geht sie nun oft um, den Schlüsselbund am Arme; und was ihre Erscheinung noch grauenhafter macht, ist, daß sie keine Nase hat. Mit Vorliebe schreckt sie die Reisenden, die über den Ofenpaß gehen, und hat gar Manchem schon durch ihr Schlüsselgerassel bös Wetter vorausgesagt.

Die Schanänn-Jungfrau.

In der Nähe der Fidriser-Au, an dem Fußwege nach dem Dorfe Jenath, steht ein kleines Haus, bei welchem man lange Jahre Nachts eine Jungfrau, riesengroß, in weißem Kleide, mit bleichem Gesichte und fliegenden, dunklen Haaren, lautlos umherschwebend, erblickte, welche die Wanderer um Erlösung anflehte und künftige Dinge ihnen voraussagte. — Diese bleiche Seherin ist die Schanänna-Jungfrau. Jetzt ist sie seit langer Zeit nicht mehr gesehen worden. Das kleine Haus ist noch bewohnbar, aber:

„Dort scheint ein langes, ew'ges Ach zu wohnen;
Aus jenen Mauern weht es uns entgegen
In dumpfen Lüften, die sich leise regen."

Der Wanderer, der verspätet, von der Dunkelheit überrascht, hier vorbeigeht, hört, bald ferne, bald nahe, ein klägliches Stöhnen und Wimmern. Manchem tritt dieser Spuk, die im ganzen Thale bekannte Schanänna-Jungfrau, selbst entgegen, und enthüllt ihm die grause Sage von den nahen Trümmern ihrer väterlichen Burg Strahlegg, und den Unthaten ihres Vaters, sowie von dem Untergange ihres Geschlechtes; oder sie verkündet ihm, als oft erprobte Seherin, Dinge der Zukunft. Auch in den Trümmern besagter Burg soll sie zu sehen sein, und in riesengroßer, grauenerregender Gestalt, in weißem Kleide erscheinen. Wenige Sterbliche (nur Sonntags-

Kinder, die mehr zu sehen bekommen, als andre Leute), die ihrer
ansichtig geworden, brachten sie zum Geständnisse einer schweren
Schuld ihres Vaters, weßhalb sie auch umgehen müsse, und nur
erlöst werden könne

    Von Jenem, der der Erste sei gebettet
    In einer Wiege, die aus Brettern man gefügt
    Der Tanne, welche wuchs, wo sie gekettet. —

Ihr Vater, ein reicher Mann, bewohnte außer dem Schlosse
Strahlegg, auch in der Nähe der Fibriser=Au ein Haus. Zu ihm
kam, als das Mägdlein noch in der Wiege lag, einst ein armer
Mann, der um eine Gabe ihn bat; der Reiche verweigerte dieselbe.
"So will ich dir etwas geben", entgegnete der Arme, und gab ihm
eine Nuß, "die setze neben dem großen Stein". Er that, wie der
Arme ihn geheißen; "aus der Nuß wächst ein Baum, aus dem
Baum ein Zweig, aus dem Zweig ein Ast, und aus dem wird man
eine Wiege machen, und das Kind, das in jener Wiege liegen wird,
das soll deine Tochter da erlösen, und die muß bis dahin dein Geld
hüten." Der Reiche wollte alsobald die verwünschte Nuß wieder aus
dem Boden hervorgraben, statt deren sproßte bereits ein Zweiglein
ihm entgegen, und weiteres Unheil ahnend, wenn er dasselbe berühre,
überließ er sich, durch das weite Feld irrend, der Verzweiflung. —
Seine Tochter wuchs heran, aber sie wurde ihres Lebens nicht froh;
ihr schönes, bleiches Gesicht zeugte von innerem Grame und viele
Jahre nach ihrem Tode muß sie die Schätze ihres Vaters hüten,
bis ihre Erlösung bewirkt ist.

Die weiße Frau auf Obersaxen.

Einem armen Manne, der in später Stunde am Weihnachts=
abende vom Mayerhofe nach St. Martin heimwärts gehen
wollte, begegnete im Tobel eine weiße Frau, die auf einem goldenen
Wagen daher fuhr. Plötzlich hielt der Wagen still, die weiße Frau
stieg aus und winkte dem Manne. Er ging hin und da bedeutete
sie ihm, daß sie einen Nagel am Wagen verloren habe, er solle ihr
einen schnitzen. Er that das, so gut es ging; die Frau dankte ihm
und wies beim Abschiede ihn an, er solle die Späne vom Holze,

das er zum Nagel gebraucht, sammeln und heimnehmen. — Das
that er, und nahm die Späne nur zur Erinnerung an die seltsame
Erscheinung, die er gehabt, mit.

Zu Hause fand er, daß die Späne sich in lauteres Gold ver=
wandelt hatten. Das Geschenk der guten Frau kam ihm recht gut,
und von da an litten seine sieben Kleinen daheim auch nicht mehr
Noth.

Die weiße Frau an der Ringgenberger-Brücke.

Ziegen hütenden Kindern erscheint bei der Ringgenberger=
Brücke an hohen Fest= und Feiertagen in stiller Frühe ein Mädchen
von fast überirdischer Schönheit, mit Augen so blau und so rein,
wie der Aether des Himmels. Vor ihr liegen drei lilienweiße Tücher;
auf dem Einen ein Goldstück, auf dem Andern Kupfermünzen, auf
dem Dritten Seile ausgebreitet. Sprachlos staunen die Kinder die
fremde Erscheinung an, aber ihr gütiger Blick bannt die Furcht der
Kleinen; die Holde heißt sie unter den auf den Tüchern ausgebreiteten
Sachen auswählen. Die Kinder greifen sonderbarerweise oft nach
den Seilen, nach den Schicksalsfäden der spinnenden Nornen, und
d a h e r sind die Frauen von Trons und Ringgenberg so unermüdliche
Spinnerinnen und so gute Haushälterinnen geworden.

Die zwei Schatz-Hüter.

Nahe beim Schlosse Ortenstein auf der Spitze eines Hü=
gels, im stillen Haine über einem fürchterlichen Abgrunde steht die
Kirche des h. Laurenz und unterhalb derselben eine, dem Heiligen
Viktor geweihte, von Sagen umwehte Kapelle. Nach dem Volks=
glauben hat Eusebius Scotus dreißig Jahre als Einsiedler
dort verlebt und ist nach seinem Tode dort oft noch gesehen worden.
— Auch ein Schatz ist dort vergraben, gehütet von einem silber=
haarigen Greise, der einen langen weißen Stab in der Hand hält,
und von einem schönen Mädchen in schimmerndem Kleide und das
beständig singt. Dieser Schatz kann aber so leicht nicht gehoben
werden; denn so oft auch das Mädchen demjenigen Menschenkinde,

das ihn heben und auch die beiden Schatzhüter erlösen will, winkt und bittet, ist es jedesmal der Greis, der vor der Berührung des Schatzes warnt und wenn nöthig, das in seine Rechte sich wagende Menschenkind thatkräftig vom Schatze ferne hält.

Die Wunschhöhle bei Arosa.

Dahinten im Schanfiggerthale über dem Dörfchen Arosa und dem lieblichen Schwellisee steht einsam ein alter „Ziernüßlibaum".. Rings um denselben, auf eine halbe Stunde weit, sind alle andern Arven verschwunden; nur diese einzige ist übrig geblieben, hoch und mächtig mit breitem Wipfel zum Himmel ragend. Unter ihrer Wurzel hervor sprudelt ein frischer Quell.

Wer ein Sonntagskind ist, findet in derselben einen goldenen Schlüssel und neben dem Baum einen versteckten Eingang, der zu einer eisernen Thüre führt. Diese schließt der goldene Schlüssel auf.

Drinnen steht ein kleines Männlein mit weißem Barte und winkt dem Eingetretenen, ihm zu folgen. Sie gelangen in einen weiten Raum, der von Gold und Edelsteinen taghelle erleuchtet ist; hier läßt das Männlein dem Ankömmlinge die Wahl zwischen drei Dingen, die da zu sehen sind: einem Haufen Gold und Diamanten, einer goldenen „Plümpe" und einer verzauberten, schönen Jungfrau.

Wählt er den Haufen Gold und Edelstein, so wird er unermeßlich reich; nimmt er die Plümpe, so wird er das schönste Vieh im Lande haben, aber beide Male nur wenig Glück daneben. Erkiest er sich aber die verzauberte Jungfrau, so wird er diese vom Banne erlösen, sein Leben lang glücklich sein und an Nichts Mangel leiden.

Der Letzte, der in die Wunderhöhle gekommen ist, war ein junger Küehjer gewesen. Weil dem das liebe Vieh und das lustige Sennen=leben über Alles ging, hat er die goldene Plümpe gewählt. Das hat aber die verzauberte Jungfrau gar übel genommen. — Wohl hatte er das schönste Vieh im Lande, aber ehe ein Jahr um war, ist ihm Stück um Stück in den gräulichen Felsenschlünden am Erz=horne und im Welschtobel erfallen, und er selber ist ganz jung und ungeliebt gestorben.

Die Alpmuetter.

Ein Jäger ging im Spätherbste an einer Hütte der Alpe Drusen im Prätigau vorbei und hörte in derselben ein ganz sonderbares Geräusch und Getümmel, wie wenn es noch Hochsommer und die Sennen vollauf beschäftigt wären. — Die Neugierde lockte den Waidmann, und er ging und guckte durch ein Astloch in die Alphütte hinein; er gewahrte in derselben die leibhaftige Alpmuetter. Sie war ein altes, buckliges Weiblein, das, am Herde stehend, eifrig mit Kochen beschäftigt war. Rings um den Herd und die bucklige Köchin herum tanzte eine Schaar kleiner Thiere, das Eine ein Salzbüchschen, das Andere eine Kochkelle, das Dritte einen Seihwisch, Alle etwelches Küchengeräthe in den Vorderpfoten haltend, ausgenommen Eines, das leer tanzte und nichts in den Pfoten trug. Zu diesem kleinen Taugenichtse wandte sich plötzlich das Weibchen und knurrte: „Du Hanschäsperle, choz' mer Schmalz!" und siehe da, Hanschäsperle erbrach Schmalz in Hülle und Fülle.

Die drei ungleichen Schwestern.

Auf den Fibriser-Heubergen stand ein kleines Häuschen, in welchem drei Schwestern wohnten. Eine von ihnen war schneeweiß, schön und gut, die And're eine böse, schwarze Here, die Dritte halb weiß und halb schwarz, halb gut und halb bös. — Wenn nun die Here den Leuten Unheil anrichten wollte und die Gute durch Rath und Warnung dies verhinderte, dann trat die Dritte vermittelnd zwischen sie, so daß die Hälfte des Unheils zugelassen, die andere Hälfte abgewendet wurde. — Einst machten die Fibriser Burschen und Mädchen eine Bergparthie und wurden in der Nähe des Häuschens vom Regen überfallen. Die Gute erbarmte sich der fröhlichen Gesellschaft und lud die Durchnäßten in die Stube ein; sie wollte ihnen Kuchen backen, aber die Here stieß sie aus der Küche und backte der Gesellschaft selber Kuchen, die von Außen schön und gelb wurden, inwendig aber vergiftet waren. Das verdroß die Gute, und sie weinte. Die Mittlere kam dazu, backte aus grobem Hausmehl grobe, braune Küchlein und sagte zur Guten: „Wir stellen von beiden, die gelben und die braunen den Gästen vor; die Eigennützigen werden die schönen, vergifteten essen und sterben, die Bescheidenen hingegen die braunen, und ihnen wird nichts geschehen; so geht es, halb und halb, wie immer!" — Diejenigen der Gesellschaft, die die goldgelben Küchlein aßen, starben; die Bescheidenen hingegen, die mit den braunen vorlieb genommen, kehrten, von der Guten reich beschenkt, nach Hause.

Die Spinnerinnen in Vulpèra.

Nahe bei Tarasp liegt der Hof Vulpèra; dort wohnte eine rechtschaffene, fleißige Bäuerin, die ihren Mann liebte und ehrte und auch ihre Kinder gut erzog. — Nun kamen an manchen Winterabenden aus dem Thälchen unterhalb des hohen Pic Pisoc zwei schöne Mädchen mit Spinnrädern nach Vulpèra, in weißen Kleidern, mit flachsblonden Haaren, und haben gar fleißig gesponnen; absonderlich gerne nahmen sie die Flachswickel der Bäuerin auf ihren eigenen Rocken und spannen ihn der feinsten Seide gleich. Dabei aber redeten sie nicht; nur wenn ein Faden brach, sagte die Eine: „Faden ab," worauf die Andere einfach erwiderte: „Knüpf' an." Waren ein Paar Spuhlen voll, wurden sie gehaspelt oder geweift, dann die schönen Garnstränge an die Wand gehängt und von der Bäuerin mit Wohlgefallen betrachtet. — Wenn ihre Stunde kam, erhoben sich die nächtlichen Spinnerinnen und traten den Heimweg an, ihre Spinnrädchen stets mit sich nehmend, allen Flachs, den sie gesponnen, aber immer der Bäuerin zurücklassend. — Diese gedachte nun, am Ende der Spinnzeit den beiden Mädchen dankbar sich zu zeigen, und rüstete an einem der letzten Abende ein großes Essen zu. An dem sollten nun die sämmtlichen Spinnerinnen in Vulpèra zu Ehren der fremden Spinnerinnen Theil nehmen. Letztere nahmen zwar Theil, waren aber ganz traurig gestimmt, daß sie schon scheiden mußten, denn ihre Zeit des Abschiedes auf immer, war nahe. — Zum Schlusse gaben sie der Frau einen Garnknäuel und sprachen: „Für deinen guten Willen, Lohn um Lohn," gingen, und kamen niemals wieder. — Der Garnknäuel aber wurde niemals alle, die Bäuerin mochte so viele Stränge davon abhaspeln, als ihr gefiel.

Die lebendig gewordene Puppe.

Auf der Alp Valésa in Somvir machten einst die übermüthigen Hirten eine Puppe aus Käsmasse und behandelten und hätschelten dieselbe wie ein lebendes Kind. — Als nun die Alpentlabung kam und der Tag der Abfahrt ins Thal da war, richtete sich die Puppe plötzlich auf und rief mit unheimlich drohender, befehlender Stimme den erschrockenen Hirten und Sennen zu: „Einer von Euch muß bei mir bleiben, wo nicht, geht's Euch Allen übel." Begreiflich wollte aber Keiner der Auserkorene sein, und das Loos mußte entscheiden. — Der Zurückbleibende nahm schweren Muthes Abschied von seinen Genossen und sah sie mit schrecklicher Ahnung thalabwärts ziehen; mit furchtbarem Beben sah er die Puppe an, die ihn, gräßlich grinsend, anglotzte und mit den Zähnen fletschte.

Die Sennen waren bereits eine Strecke weit heimwärts gegangen, als der Zu=Senne bemerkte, daß er sein Taschenmesser in der Alp= hütte vergessen hatte. Er kehrte zurück, um dasselbe zu holen und ging durch eine Nebenthüre in die Hütte, fand aber weder Senne noch Puppe in derselben und wollte durch die vordere Thüre wieder den Heimweg antreten. Als er noch einmal umschaute, sah er plötzlich die Puppe, die zu einem Ungeheuer, mit weißer Kappe angethan, herangewachsen war, beschäftigt, die frische Haut des zurückgebliebenen Sennen auf das Hüttenbach auszulegen und zu schaben; am Boden lagen große blutige Stücke Fleisch. Er war zum Opfer geworden für die Missethat seiner Genossen an den Gottesgaben. — Der Zu= senne mochte aber dem Geschäfte des Ungethüms nicht lange zusehen; er kam schweißtriefend bei den Kameraden an und erzählte das Ge= schehene. Kaum heimgekehrt, packte ihn ein heftiges Fieber, an dem er lange Zeit krank lag, stets wähnend, die Puppe komme, um auch ihn zu holen.

Die boshafte weiße Frau.

Unweit des Dorfes Präz findet sich eine weite, schöne Halde, eine von der Dorfjugend zum „Schlittlen" im Winter bevorzugte Oertlichkeit.

Vor alten Zeiten geschah es einmal an einem schönen Winterabende, daß die liebe Jugend wie gewohnt hinausging, um im Schlitteln sich lustig zu machen, und es war mehr als eigenthümlich, daß an diesem Abende die Jungen wie Abschied nahmen von ihren Eltern. Sie wären gerne diesmal geblieben, und doch zog's sie nach der Schlittbahn hin.

So rutschten sie mehrmals in langem Zuge die Halde hinunter, waren seelenvergnügt und dachten an kein Heimgehen, und schon nahte Mitternacht.

Plötzlich erschien wie aus einer Wolke tretend, eine schneeweißgekleidete Frau mit einem großen, breiten und langen Schlitten und ladete die Jungen ein, auf ihren Schlitten zu sitzen, auf diesem gehe es viel schöner. Die Kinder glaubten ihren schmeichelnden Worten und setzten sich Alle arglos auf den Schlitten der weißen Frau; die Fahrt begann.

Doch nur zu balde wurden die armen Kleinen in ihrem Vertrauen getäuscht; der Freudenzug sollte sich in einen Trauerzug verwandeln und Keines von ihnen seine Eltern wiedersehen. In rasender Eile lief der Schlitten, jämmerlich schrieen die armen Verlorenen und wollten vom Schlitten weg, aber sie waren gebannt; die böse Frau lachte gräßlich in ihrer Schadenfreude, als sie ihr Werk gelingen, ihre That gekrönt sah — jeden Schritt verlor eines der Kinder den Kopf, einen Arm oder ein Bein — unten am Ende der Schlittbahn war nichts mehr auf dem Schlitten zu finden; er stand allein am Saum des finstern Waldes. Die böse, weiße Frau war verschwunden und todtenstille Alles ringsum.

Wie nun die Kleinen so gar nicht heimkommen wollten, gingen die beängstigten Eltern nach der Schlittbahn hin und gewahrten nur zu balde zu ihrem Schrecken das Geschehene, konnten aber von dem Ereigniß keinen klaren Begriff sich machen, bis ein taubes Mädchen, das von den lieblichen Worten der bösen Frau nichts verstehen konnte und bei einer Staude stehend zurückgeblieben war, erzählte, wie sich Alle auf den Schlitten der weißen Frau gesetzt hätten, aber nicht mehr zurückgekommen seien.

Die betrübten Eltern sammelten die Glieder ihrer geliebten Kinder, die zerstreut lagen der Bahnlänge nach. — Das war ein trauriges Begräbniß!

Der Hennenteufel.

Ein St. Antönier hat einmal den Hennenteufel gesehen.

Einstens an einem Abend kam ein Montafuner spät in den Mayerhof und konnte nirgends mehr unterkommen, als bei Barthli Flütsch, der ihn klopfen hörte und ihm aufmachte. Der Fremde trat ein, und Barthli zog sich an, um ihm noch etwas zu holen. Der Montafuner, ein gesprächiger Mann, erzählte nun Allerlei von der Welt draußen, und so ging die Zeit um.

Nun klagte Barthli, er wisse nicht wie, aber seine Hennen seien nicht mehr wie früher; allemal wenn er in den Stall komme, fahren sie so zusammen und mögen auch nicht mehr legen. „Das kommt daher, weil der Teufel sie plagt," meinte der Montavouer, „den will ich euch fangen, gebt mir nur eine Flintenkugel."

Barthli, ein Jäger, hatte solche, und mit einer derselben gingen sie in den Stall. Der Montafuner legte diese Kugel in den „Hennen= chrömen." Die Hennen blieben ruhig.

Nach einer Weile fiel von oben herab eine andere, ähnliche Flintenkugel in den Hühnerstall, und mit gräßlichem Geschrei fuhr das Geflügel in die Höhe und durcheinander.

Die zweite Kugel rollte auf die erste zu, wieder weg und „putschte" sie gräßlich von einem Winkel in den andern, bis sie doch nachgeben mußte und durch eine Ritze wieder wegrollte. Das war der Hennenteufel gewesen, der in der Bleikugel einen Gegner zu finden glaubte, diesen aber nicht „heer" mochte, weil die Flinten= kugel härter war als er. — Von da an hatten die Hennen Ruhe.

Der Montafuner mußte noch ein paar Tage bei Barthli bleiben und hatte gut leben, erzählte ihm Vieles, was dem St. Antönier gar kurios vorkam, und besonders von seinen wunderbaren Jagd= stücklein.

Das Doggi in Laus.

Eines Abends gingen zwei Knaben von Surrhein nach Laus „z'hengert." Als sie zu einem Stalle kamen, sahen sie andere Burschen, die ihnen aufpaßten, und sie versteckten sich ins Heu, das in diesem Stalle aufgehäuft war, um abzuwarten, bis die Andern gingen. Das Warten wurde ihnen aber zu lange, und sie schliefen ein. Plötzlich fühlte Einer die schwere Bürde des Doggi's; er war seiner Sinne nur halb bewußt, und mit größter Anstrengung suchte er das Ungethüm von sich abzuschütteln, was erst nach langem Kampfe ihm gelang. — Nach und nach seiner besser bewußt, schnellte er sich in die Höhe, das Doggi mußte ihn loslassen und sich flüchten. — Er sah ihm, so gut die Dunkelheit es ihm gestattete, nach, als dasselbe in der Gestalt eines weißen Schweines den Heustall verließ.

Das erlöste Doggi.

In Ruis oberhalb Ilanz lebte einst ein reicher Mann A. C. Dieser wurde des Nachts oft vom Doggi geplagt. Da gab ihm Jemand den Rath, einen Ast in der Täfelwand auszuschlagen und einige Kopfkissen auf dem Boden seines Schlafzimmers auszubreiten. Er that das, und siehe — am Morgen, als er aufstand, saß auf dem Kopfkissen ein großes, schönes Mädchen, welches ihm für seine Erlösung von dem Doggiberufe dankte. Er behielt sie als seine Magd, und sie war ihm treu und ergeben bis ans Ende.

Die gefangene Pest.

Zur Pestzeit lebten in Fanas zwei Brüder. Diese bohrten in einen Tramen ihrer Stube ein Loch und sperrten da ihren Antheil Pest hinein, schlugen dann einen hölzernen Nagel in das Loch und begaben sich ins Ausland, bis die Pest vorüber und Alles wieder ruhig geworden war. Als sie nach Langem wieder heimgekehrt, zogen sie aus Muthwillen den Nagel aus der Wand, um das Wesen der todten Pest sich näher zu besehen; da kroch aber die lebend gebliebene Pest schnell heraus und tödtete Beide auf der Stelle.

Die Fänggin „Ruchrinden".

In Luzein steht heute noch ein Stall, dessen gewaltige, hölzerne Balken der „Urähni" des jetzigen Besitzers mit Hülfe seiner Magd, eines Walbfänggenmädchens, an Ort und Stelle geschleppt und zusammengefügt hat. — Diese Fänggin sei in der Familie ihres Brodherren sehr beliebt gewesen und der Verdruß um sie groß, als sie plötzlich schied. Ihr Dienstgeber berichtete einst beim Nachtessen, als er aus dem Berge zurückgekehrt war und ein Joch auf der Achsel trug, eine Stimme habe ihm zugerufen: „Jochträger, sag' der „Ruchrinden", Gicki Gäcki uf Hurgerhorn sei todt!" — Bei diesen Worten habe die Fänggin weinend den Löffel weggeworfen und gejammert, ihr Vater sei gestorben; von da an sei sie für immer verschwunden.

Die Fänggin „Madrisa".

Wie die starken, wilden Mädchen nicht ungerne die Gesellschaft schöner, junger Sennen in den Alpen aufsuchten und ihre Heerden pflegten, sehen wir aus folgender Sage: Ein Jüngling von Saas fütterte eines Winters im Berge oberhalb des Dorfes seines Vaters Viehhabe. Der Sohn ließ lange Zeit nichts von sich hören, weßhalb der Vater, um nachzusehen, ob vielleicht ihm Etwas zugestoßen und wie es mit dem Futtervorrath stehe, sich aufmachte und nach der Alp ging. Er fand den Sohn in der Sennerei beschäftigt und war erstaunt über den reichen Vorrath an Milch, Butter und Käse; auch gewahrte er das schöne Aussehen des Viehes und zudem war der Futtervorrath weit größer, als er ihn erwartet hatte. Sein Blick fragte den Sohn um die Lösung des Räthsels. „Sieh', Vater, das hat meine Madrisa gethan: die hat mir geholfen die Habe füttern, sie hat Wurzeln und Kräuter gesammelt und die unter das Futter gestreut; darum ist das Vieh so schön, der Molken so viel." Dies sagend, deutete er schweigend auf sein in der Ecke aufgerichtetes Lager, auf dem ein schönes, wildes Mädchen schlief, dessen lange, goldgelbe Haarflechten über die Lade heraushingen. — Ob dem Gespräche erwachte das Mädchen, erhob sich vom Lager und sprach zum Vater: „Ach, daß du kommen mußtest!

wäre ich unerkannt geblieben; dein Sohn und ich hätten das Vieh hier gefüttert bis zum Frühlinge, da es auf die Weide geht, so aber kann ich da nicht länger bleiben; ungerne gehe ich zurück in Wald und Felsen, aber nun muß es sein; leb' wohl, mein Job." — Und leichten Schrittes schwebte sie über den Schnee, den Felsenhörnern zu, die ihren Namen tragen, den der junge Senne vergeblich rief, als er im nächsten Sommer die Heerden in die Berge trieb.

Das Fänggenmannli zu Malabers.

In Malabers hütete ein Fänggenmannli lange Zeit einem Bauern die Kühe und besorgte in dessen Abwesenheit auch die Stall=geschäfte. Für diese Hülfeleistung bedingte er sich den Empfang des Milchschaums beim Melken und war damit zufrieden und glücklich. Der Bauer wollte sich indeß erkenntlicher zeigen und stellte ihm einstens eine Gepse Milch hin. Das Mannli aber nahm den guten Willen böse auf, machte sich weg und kam nicht wieder.

Die in Gold verwandelten Kohlen.

Ein Fänggenmannli, das zuhinterst in Savien auf Va=lätscher=Alpe in einer „Balma" hauste, kam einmal Nachts auf den Hof Bühel, klopfte leise an die Hausthüre und bat die zum „Läufer" herausschauende Hausfrau inständig, sie möchte seinem Weib=lein auf Valätscha in seinen Kindsnöthen beistehen. Die gute Frau willfahrte der Bitte und folgte dem wilden Mannli bis in seine Höhle, leistete dort dem Fänggenweiblein Beistand, und hatte die Freude, alsbald allerliebste Zwillinge in Empfang nehmen zu können. Die zwei Neugebornen waren schon gleich nach der Geburt ungemein lebendig und rührig, zappelten mit Händen und Füßen und begannen am Boden herumzukriechen. Als die „Büchel=Frau" wieder sich ent=fernen wollte, hieß das Mannli vorerst noch ihre Schürze mit Kohlen sich füllen und diese dann daheim auf den Feuerherd legen. Die Frau that es auf wiederholtes Zureden, ließ aber dann aus der nachläßig aufgeknüpften Schürze unterwegs fast alle Kohlen heraus=fallen. Das Mannli, welches ihre Unachtsamkeit bemerkt hatte, rief ihr nach: „Je mehr zerzaß't (zerstreust), je minder b'haft." Als bann die Frau zu Hause die wenigen in der Schürze gebliebenen Kohlen nach der Weisung des Mannli auf den Feuerherd legte, so waren diese zu purem Golde geworden. Eilig lief sie den Weg zurück, um die verlornen zu suchen, fand aber keine mehr.

Die Kunst „aus Schotte Gold zu machen"

In einer Alpe im Prätigau lebte einmal ein Fänggenmannli mit dem Senn auf sehr vertrautem Fuße und empfing von demselben gar mancherlei Geschenke und Gaben. Um dem Sennen für die empfangenen Wohlthaten dankbar sich zu erzeigen, sagte es einmal zu ihm: heute soll er es käsen lassen und soll ihm zuschauen, aber dabei kein Wort sprechen, bis es fertig sei. Der Senne ging den Vorschlag ein, setzte sich auf einen Melkstuhl und schaute dem Mannli zu. Dieses machte Alles in der Ordnung und zuletzt, als es nach der Meinung des Sennen fertig war, stellte es den Kessel mit der Schotte wieder über das Feuer und schickte sich an, von Neuem zu manipuliren. Nun aber fing der Senne überlaut an zu lachen und über das Mannli zu spotten, daß es aus der Schotte noch einmal käsen wolle. Da legte das Mannli die Kelle bei Seite und sagte: „Wenn b'nüt weißt
So seist" —
und eilte fort und ließ sich nicht wieder sehen. Hätte der Senne geschwiegen, wie er versprochen, so hätte er sehen und lernen können, wie das Mannli aus der Schotte eitel Gold bereitete.

Wie die Sennen das „süß käsen" lernten.

Vor alten Zeiten sollen die Sennen kein Verständniß von der Zubereitung des „süßen" Käses gehabt haben; ihnen fehlte das Mittel dazu, die Milch zum Gerinnen zu bringen, ohne sie sauer werden zu lassen, denn damals ließ man die Milch stehen, bis sie ganz dick war; dabei kam aber nur saurer Käse zu Stande, der bekanntlich nicht besonders schmeckt. Die wilden Mannli oder auch Fänggen genannt, verstanden aber die Kunst des „Süßkäsens", und von einem derselben hat einer unserer Vorfahren es gelernt. Nämlich im Mayensäße von Schubers lebte einmal ein wildes Fänggenmannli mit dem Sennen auf vertrautem Fuße und empfing von demselben gar mancherlei Geschenke und Gaben. Eines Abends sagte der Senne, er müsse morgen mit Butter zu den Seinigen ins Dorf hinunter gehen und bat das Mannli für ihn zu „käsen". Der Fängge nahm den Vorschlag an, denn er wollte ihm nun einmal eine Probe seiner Naturwissenschaft zeigen. — Der Senne ging ins Dorf, und das Mannli käsete. Wie erstaunte aber der Senne, als er am Abend zurückgekehrt war und den vom Fänggen gefertigten Käse kostete und dieser so süß schmeckte, wie die frische Butter. Lange suchte er das Fängenmannli zu bewegen, ihm zu sagen, wie man „süß käsen" könne, aber unser Bergmännlein war nicht zu überreden. Da griff der Senne zur List. Mehrere Wochen nachher sagte er eines Morgens mit strahlender Miene, als der Fängge in die Hütte trat: „Jetz chan i benn au süeß chäsa." Darauf ereiferte der wilde Kleine: „Häst süeßa Chäs gmacht, so häst au Māga g'ha." Keine Miene verrieth den Sennen, daß er jetzt nun auch um das Geheimniß wisse, das der Fängge ihm immer vorenthalten hatte, probirte mit dem „Gizimagen"; der Versuch gelang, und er war fortan im Staude, den besten süßen Käs zu machen. Das Fänggenmannli, als es sich so überlistet sah, gab die Freundschaft mit dem Sennen auf und wollte mit ihm weiters nicht mehr zu verkehren haben.

Die Gemsenkäslein.

Ein Fänggenmannli hauste in der Trockenhöhle oberhalb Camana in Savien, wo es eine recht hübsche Gemsenkäserei sich eingerichtet hatte. Er besaß zweihundert der schönsten Gratthiere, die er selbst gezähmt, so daß sie Morgens und Abends von selbsten in die Höhle kamen und sich melken ließen. — Ein armes, einäugiges Knäblein des Thales, das die Ziegen hütete, fand in der Höhle bei schlechtem Wetter Zuflucht und Speise. Die Gemskäslein seien so süß, daß sie Einem im Munde zergehen, sagte es einmal seinem Bruder. Dieser fragte, wie diese dann bereitet würden; dies

sei das Geheimniß des wilden Mannli's, antwortete das Kind; es
müsse immer, wenn das Käsen angehe, unter einen Haufen Haide=
kraut sich verkriechen, bann singe das Mannli: „Einäugelein, schlaf'
ein;" wache es wieder auf, so sei das Käslein jedesmal fertig. Als
der hinterlistige Bruder dies vernahm, zwang er das Knäblein, mit
ihm die Kleider zu tauschen; darauf ging er in den Kleidern seines
Bruders selbst in des wilden Mannli's Höhle und setzte sich aufs
Haidekraut. — In der Höhle sah es recht sauber aus, grünes Haide=
kraut lag auf dem Boden ausgebreitet, ringsum auf einem Stein=
gesimse standen kleine Gebsen aus Tannenholz, die mit Gemsenmilch
angefüllt waren; Kessel und Herd waren nirgends zu sehen. — Das
wilde Mannli hielt den Buben für sein Einäugelein, ließ ihn unter
das Haidekraut, auf dem er im Winkel saß, kriechen und sang:
„Einäugelein, schlaf' ein." Der schalkhafte Bube schloß das eine
Auge zu und guckte mit dem andern unter dem Haidekraut hervor.
Als aber das Mannli das muthwillige offene Auge gewahr wurde,
gerieth es in Zorn und warf die Gebsen und deren Inhalt dem
Buben an den Kopf. Hierauf verließ es mit seinen Gemsen die
Höhle auf immer.

Das Goldmännlein.

Eine Viertelstunde außerhalb Sculms erhebt sich eine hohe
Felswand, und mitten in diese Wand ist ein alter Stollen gehauen, zu
dem man heutigen Tages nicht mehr gelangen kann. Diesen Stollen
bewohnte, nachdem das Bergwerk aufgegeben worden war, ein Berg=
männlein, dem allein noch eine reiche, fließende Goldquelle dort
bekannt war. — Nun lebte in Ardëza ein armer, aber braver Mann.
Dem erschien einstens der Berggeist und führte ihn ins Innere des
Gebirges, wo in einem Felsengewölbe ein Gefäß mit flüssigem Golde
stand. Das Bergmannli sprach: „Da nimm aus diesem Gefäße so viel
du willst und so oft du willst, nur hüte dich, es jemals ganz zu leeren.
Wenn du das Ende deiner Tage ahnst, bann magst du einem guten,
frommen Menschen, den du liebst, das Geheimniß entdecken, der mag
bann thun, wie du selbst." Der Mann ließ sich diese Weisung nicht zwei

Mal sagen und mißbrauchte nie das Geschenk, durch das er nach und nach sehr reich wurde. Auf dem Sterbebett vertraute er seiner Tochter das Geheimniß. Die aber konnte eines Tages der Habsucht nicht widerstehen und leerte das Gefäß vollständig aus. Da verschwanden Gold und Gefäß, der Berg schloß sich an dieser Stelle, und das Bergmännlein ward von da an nicht mehr zu sehen.

Der wilde Küher.

Ein Fänggenmannli hütete viele Sommer hintereinander zu Conters die Heimkühe, ohne je irgend eine Belohnung anzunehmen. Nun wurden einmal die Bewohner des Dorfes einig, dem wilden Hirten für seine Dienste einen schönen Anzug zu geben. — Nie trieb dieser Wilde die Kühe bis ins Dorf, sondern nur bis zu einem Stalle oberhalb desselben; von dort kehrte er stets zurück in eine Waldhöhle, seine Wohnung; jeden Morgen aber wartete er beim nämlichen Stalle, bis die Leute ihre Kühe dorthin brachten, dann zog er mit der Haabe zur Weide, ins Dorf hinunter kam er niemals. — Zu diesem Stalle nun legten sie ihm eines Abends ein neues Kleid und beobachteten am folgenden Morgen im Geheimen, wie er ihr Geschenk aufnehme und wie dieses ihm anstehen würde. Er kam zur gewöhnlichen Stunde, die Kühe auf die Weide zu treiben, erblickte das Kleid, nahm dasselbe gleich zur Hand und versuchte es anzulegen. Lange Zeit konnte er mit dem neuen Staate nicht fertig werden, erst nach vielen Versuchen brachte er die Umwandlung zu Stande. Nun betrachtete er sich gefällig, hüpfte freudig in die Höhe, warf seinen Hirtenstab hoch durch die Luft von sich, nahm jauchzend bergan Reißaus und rief:

„Was wett au so 'ne Weibelamä,
No mit de Chüene z'Weibela gä."

Damit verschwand er und ward seitdem nie wieder gesehen; auch gaben von da an die Kühe nicht mehr so viel Milch, als zur Zeit, da er sie gehütet.

Das Fänggenmannli „Uzy."

Auf Mombiel bei Klosters hütete ein Fänggenmannli jahrelang die Heimkühe. Auch er kam nie bis in die Wohnungen der Viehbesitzer, sondern wartete bei einem großen Steine oberhalb des Weilers und nahm dorten seine Heerde zur Hand, und auch ihm wollten die Leute der Gegend dankbar sein, wußten aber nicht wie. Eines Tages stellten sie ihm ein Schöppli vom besten Veltliner auf den Stein. Das Mannli betrachtete den Wein lange Zeit und besann sich fast ängstlich, ob es ihn trinken wolle. Endlich setzte es äußerst vorsichtig an; der Wein mundete ihm sichtlich, und es trank das ganze Schöppli. — Ein andermal stellte man ihm ein Paar Schuhe auf den Stein. Das Mannli schaute ganz verwundert drein und versuchte die Schuhe über den Kopf anzuziehen; nach und nach wurde es aber doch so pfiffig, daß es sie an die Füße steckte. Als es dann zu gehen versuchte, fiel es zuerst um und kugelte über und über. Erst mit der Zeit lernte es in den Schuhen gehen und verschwand sofort für immer. — Dieses Mannli hieß „Uzy", und der Stein trägt jetzt noch den Namen „Uzystein."

Das Fänggenmannli in Savien.

Aehnlich wie die Kühjer zu Conters und Mombiel machte es ein Fänggenmannli in Savien. Das hütete einem Bauern viele Jahre hindurch die Kühe und nahm dafür allabendlich ein Näpfchen Milch in Empfang, die es leidenschaftlich liebte. Die ihm anvertraute Heerde vermehrte sich wunderbar und gedieh prächtig, und so lange sie unter seiner Obhut stand, verunglückte kein einziges Stück. Die Frau des Bauern verfertigte nun einmal ein Paar lederne, kurze Höslein, verzierte sie mit rothen Schnüren und legte sie als Lohn dem Kuhhirtlein hin. Der Fängge konnte mit dem Dinge zuerst gar nicht zurecht kommen und schlüpfte mit den Aermlein hinein; als es ihm aber so nicht paßte, probirte er es an die Füße, betrachtete sich ganz wohlgefällig, warf dann seinen Hirtenstab weit von sich, lief davon und kam nicht wieder.

Das gefangene Fänggenmannli.

Ein Mann in Parpan fing mittelst der Schlinge eines Heuseiles ein Fänggenmannli. Das machte nun die possirlichsten Sprünge und verzweifeltesten Versuche zur Flucht; doch Alles half nichts, es konnte sich nicht befreien. Da sagte es zu seinem Peiniger, der Tamerlan hieß, halb zornig, halb wehmüthig:

„Tamerlan,
Hätteſt du ſchröpfen und z'Aber glân,
Wie an andra Man,
So hätteſt du mi nit gſân."

Das Fänggenweiblein in der Klemme.

Einſtens ſah ein Waldfänggenweiblein neugierig einem Manne zu, der in einem Walde bei Churwalden Latten ſpaltete. Es ſaß am Boden, an einen Lerchenſtamm gelehnt, und da rief der Mann ihm, es möchte ihm doch ein wenig helfen und die Latten auseinander halten. Das Weiblein war dazu bereit und half ihm, ſo gut es konnte. Plötzlich aber zog der hinterliſtige Mann die Art heraus, die Latten klappten zuſammen und klemmten dem Waldweiblein die Hand ſo ein, daß es dieſelbe nur mit Verluſt dreier Finger wieder herauszziehen konnte.

Das Arcanum gegen die Peſt.

Zur Zeit, als die Peſt unter dem Namen „der ſchwarze Tod" in Graubünden graſſirte und unzählige Opfer forderte, ſo daß ganze Höfe ausſtarben, machte man die Beobachtung, daß kein einziges Fänggen=Mannli oder =Wîbli von der Seuche hingerafft wurde, und kam zum Schluſſe, daß dieſelben ein Geheimmittel dagegen beſitzen müßten. Ein Bauer wußte endlich mit Liſt dieſes Geheim= mittel aus einem Fänggenmannli herauszukriegen. Dieſes Mannli zeigte ſich oft auf einem großen Steine, der in der Mitte eine bedeutende Vertiefung hatte. Der Bauer, dem dieſes Lieblingsplätzlein des Fänggen wohl bekannt war, ging hin und füllte die Höhlung des Steines mit gutem Veltlinerweine und verbarg sich dann in der Nähe. Nach einer Weile kam das Mannli zu seinem Lieblingssteine. und blickte ganz verdutzt drein, als es die Höhlung desselben mit dem funkelnden Nasse angefüllt traf. Es bückte sich dann mehrmals mit dem Näschen über den Wein, hob dann wieder den Kopf, um wenigstens vom Geruche sich zu laben, winkte aber mit dem Zeigfingerle und rief: „Nei, nei, du überchûst mi net." Endlich einmal, als es sich ganz nahe über den Wein gebeugt hatte, blieb ein Tröpfchen desselben am Schnäuzchen hängen; das Mannli leckte mit der Zunge dieses Tröpfchen ab. Da stieg die Begierde, und es sagte zu sich selbst: „Ei, mit dem Finger tunken darfst du schon." Gesagt, gethan; es leckte das Fingerle wohl hundertmale ab, wurde dabei immer lustiger und fing nachgerade an, allerlei Zeugs vor sich hin zu schwatzen. Da trat der Bauer wie zufällig herbei und fragte das Mannli, was gut sei gegen die Pest. „Ich weiß es wohl," sagte das Mannli, „Eberwurz und Bibernella — aber das sage ich dir noch lange nit." — Jetzt war der Bauer schon zufrieden und nach dem Gebrauche von Eberwurz und Bibernell starb Niemand mehr an der Pest.

Das wetterkundige Fänggenmannli.

Eine Frau auf Camana war just am Käsen und hatte gerade den Kessel mit der Milch über dem Feuer, und die Milch fing an heiß zu werden. Da flog plötzlich ein Lederkäpplein in die Küche hinein. Sie trat unter die Hausthüre, um zu sehen, wer da sei, und da saß ein Fänggenmannli vor der Thüre; das bat sie um einen Trunk Milch, aber doch ja geschwinde, es habe noch weit heim, und es drohe ein furchtbares Gewitter. Die Frau lachte und wollte es nicht glauben; der Himmel war klar und die Familie der Frau vollauf mit der Heuernte beschäftigt. Gleichwohl schöpfte sie Milch aus dem Kessel und brachte sie dem Mannli; das sagte aber: „Ei Frau, gebt mir doch ein größeres Gebsi, damit die Milch geschwinder kühl wird." Die Frau willfahrte und lachte, als sie sah, wie das Mannli in größter Eile die Milch in dem größern Geschirr umschwenkte und

wie es haſtig hineinblies, damit ſie ſchneller erkalte, wie es ſie
nach und nach in gierigen Zügen hinunterſchlürfte und dann in
größter Eile davon= und den Berg hinanlief. Bald hätte es auf der
eiligen Flucht ſein Lederkäpplein vergeſſen, wenn die Frau es ihm
nicht nachgeworfen hätte. — Die Frau käſete vorwärts, aber ſchon
nach einigen Minuten zog eine ſchwere Gewitterwolke über das
Gletſcherbachhorn herüber, und bald fing es an zu blitzen und
zu donnern und über der Familie der Frau und ihr Heu in Strömen
zu regnen.

Das weiſe Fänggenmannli.

Die Bewohner der Gemeinde Tenna fingen einen großen
Bären, der ihren Heerden vielen Schaden zugefügt hatte. Sie wollten
ihn für ſeine Miſſethaten grauſam beſtrafen, um an dem wilden
Brummer für immer ein Exempel zu ſtatuiren. Da trat ein wildes
Mannli unter die Verſammlung und ſagte: „'s gruſigſt iſt, lent
na hürótha." Die Sentenz des wilden Mannli's wurde von nun
an im Munde des Volkes ein Sprichwort.

Der pfiffige Waldfängge.

Ein anderer Waldfängge bei Conters hütete einſt einen ganzen
Sommer die Ziegen des Dorfes. Jeden Morgen kam der wilde
Geißler bis nahe an die Häuſer, um die Thiere abzuholen, und
jeden Abend führte er ſie bis zu der gleichen Stelle und kehrte dann
wieder in den Wald zurück. Die Burſchen von Conters verſuchten
öfters, aber vergebens, ihn zu fangen. Endlich kamen ſie auf einen
eigenen Gedanken und füllten zwei Brunnentröge, aus denen er zu
trinken pflegte, den einen mit Wein, den andern mit Branntwein.
Der Geißler koſtete zuerſt das Rothe (den Wein) und rief: „Rötheli,
du verführſt mi net," und labte ſich am Weißen (dem Branntwein).
In der darauffolgenden Berauſchung ward er geknebelt, und ſeine
Peiniger, denen eine alte Sage bekannt war, die Fängggen müßten
aus der entziegerten Molke (Schotte) Gold oder das Lebenselixir
zu bereiten, wollten ihn nicht eher freigeben, bis er ihnen ein Ar=

canum entdeckt habe. Er versprach ihnen, wenn sie ihn losbänden, einen recht guten Rath. — Er wurde freigelassen, und da gab er ihnen den Rath:

„Ist 's Wetter gut, so nimm be Tschöpa mit,
Ist's aber leid, chanst thuen, wie b'witt."

Das muthwillige Fänggenmannli.

Im Prätigau war einst ein Fänggenmannli, das aber keinen bestimmten Wohnort hatte, vielmehr immer thalein, thalaus wanderte und auf seinen Wanderungen ununterbrochen Körbchen aus Moos flocht, die er dann den erwachsenen Mädchen des Thales vor die Fenster hängte. Kam das Mannli nach einiger Zeit wieder an dem Hause eines solchen bevorzugten Mädchens vorbei und gewahrte, daß dasselbe ihr Körbchen hübsch in Ordnung erhalten hatte, füllte er dasselbe mit Erdbeeren oder Heidelbeeren; traf es aber das Körbchen verwahrlost, warf er der Betreffenden faule Pilze durch das offene Fenster hinein und schlug oft ein helles Gelächter auf, ohne daß er gesehen werden konnte; denn er verstand es auch, sich unsichtbar machen zu können.

Das überlistete wilde Mannli.

Einem Klosterser war sein neugebornes Kindlein verschwunden und statt dessen ein häßlicher Wechselbalg in die Wiege gelegt worden. In seiner Trostlosigkeit wandte er sich überall hin um Rath, und da hieß es, er solle zu einer gewissen Zeit den Wechselbalg auf den Herd legen und rings um diesen herum halbe Eierschalen aufstellen. — Er befolgte diesen Rath, und plötzlich fing der Wechselbalg an zu reden und rief:

„Jetz bin i sövel und sövel alt
Und han die Böschga fünfmal gsäh'n als Wies und Wald
Aber noch nie sövel Guckhäseli uf einem Herd."

Zugleich sprang die Hausthüre auf, und ein Fängge stürzte mit dem rechten Kinde herein, legte es auf den Herd, um ebenso schnell mit dem Wechselbalge davon zu eilen.

Der Fängge als Menschenfresser.

Ein Büeble und ein Mädchen, die, um Erdbeeren zu pflücken, ausgegangen waren, verirrten sich im Walde zu Conters. Es fiel die Nacht ein, und die zwei armen Kleinen wußten nun gar nicht mehr, wo aus und wo ein. Plötzlich schimmerte ihnen ein Lichtlein entgegen; sie liefen über Stock und Stein auf dasselbe zu und kamen in die Höhle eines Waldfänggen. Sie klagten dem anwesenden Weiblein ihre Noth und jammerten, daß sie nicht mehr zur Mutter heim könnten. Das Weiblein hatte Mitleid mit den hülflosen Dingern, versteckte sie in einen Hühnerstall und deckte sie mit Stroh zu, da ihr Mannli ein Kinderfresser war. Nach einer Weile kam der Wilde in die Höhle und schnupperte aus weitgeöffneten Nasenlöchern, sein unförmlich breites Gesicht gegen den Hennenstall gewendet. „I schmeck, i schmeck Menschafleisch," grinste er. „Du Narr," entgegnete die Waldfänggin, „du schmeckst nu Hennadreck." Der Wilde gab sich endlich zufrieden und trottete brummend aus der Höhle. — Darauf öffnete die mitleidige Waldfänggin den Hennenstall, ließ die geängstigten Kleinen aus und begleitete sie durch den Wald bis auf den Weg, der sie schnurstracks heim zur Mutter führte. Man kann sich denken, wie viel das Büble und das Mädchen der Mutter zu erzählen hatten von dem finstern Walde, dem wilden, bösen Mannli, das sie fressen wollte, und von dem guten Weiblein, das sie gerettet.

Die bösen Fänggen.

Einst wollte ein Mann von Peist im Winter ein Rind schlachten und hatte zu diesem Behufe Alles vorbereitet bis auf den „Aufzug", an dem man die geschlachteten Thiere aufhängt — den hatte er im Frühjahr im Mayensäß vergessen, wo er ein Thier hatte metzgen müssen.

Er ging lange vor Tag hinauf, den Aufzug zu holen und bemerkte von Weitem, daß in der Hütte Licht war. Das nahm ihn nun Wunder, wer zu der Zeit droben sein möge, schlich zur Hütte hin und blickte durch die Fensterscheiben in die Stube. — Da saß er am Tische zwei Fänggen sitzen, welche einander die Haare flechteten.

Um den Aufzug nun zu haben, brauchte er nicht in die Hütte zu treten, sondern denselben nur unter dem Dache hervorzuziehen. Kaum hatte er seinen Aufzug auf dem Rücken, hörte er einen der beiden Fänggen sagen: „J schmeck Menschenfleisch" — „und i Christeblut" erwiederte der Andere.

Der Mann machte sich aus dem Staube, die Fänggen ihm nach und hatten ihn beinahe eingeholt, als die Morgenglocke ertönte, worauf die Fänggen stille standen und Einer dem Manne zurief: „Hätt's nit grab' glüt, hätten mer bi zerrissen, wie b's Gstüpp an der Sunn."

Das neugebackene Brod.

Einmal ging eine arme Frau durch den Wald. Müde setzte sie einige Augenblicke auf einen Stein sich nieder; sie befand sich in gesegneten Umständen und war lüstern nach einem Stückchen neugebackenen Brodes. In ihrer Heimat, wo man nur einmal jährlich backt und darum das Brod gewöhnlich sehr hart ist, gehörte, wie auch heutzutage, neugebackenes Brod zu den Leckerbissen. — Sei es nun, daß sie ihre Lüsternheit laut werden ließ, sei es, daß eine Diale ihre Gedanken belauschte, als sie sich aufrichtete, um weiter zu gehen, duftete ihr der Geruch von neugebackenem Brode entgegen, und sie erblickte ein solches noch dampfend neben sich im Moose liegen.

Die erzürnten Dialen.

Einst arbeitete eine Familie auf dem Felde, und nachdem Alle recht fleißig gewesen waren, erblickten sie plötzlich ein Tuch auf dem Erdboden ausgebreitet und silberne Geschirre mit Speise und Trank. Die Dialen hatten das Mahl gedeckt und hießen die Arbeiter sich lagern und essen und trinken, mit ihrem gewöhnlichen Ausdrucke: „Iß und laß"; das wollte so viel sagen, als man solle sich gütlich thun, das Silbergeschirr aber nicht antasten. Der Knecht der Familie aber, ein böser Mann, entwendete einen silbernen Löffel. Sogleich verschwand das Gedeck, der Löffel ward zu Feuer, und seither erscheinen in jener Gegend die Dialen nicht mehr.

Uebelbelohnte Dienstfertigkeit.

In Guarda lebte ein Mann mit seiner Frau in Unfrieden. Als der einmal auf einer Bergwiese sein Heu aufladen sollte, um es nach Hause zu führen, hatte er Niemand, der ihm dabei Hülfe leistete, denn seine zänkische Frau wollte ihm nicht helfen. Da erschien eine Diale und half ihm sein Fuder laden. Er hielt sie für ein gewöhnliches Weib. Als sie aber auf dem Fuder stand, bemerkte er ihre Ziegenfüße und dachte bei sich selbsten, nun sei er übel dran, der Teufel stehe auf seinem Fuder. Die Diale fragte ihn nach seinem Namen; er dachte aber, dem Teufel wolle er seinen Namen nicht sagen und antwortete: „Ich selbst" (Eug suess). Und als das Fuder geladen war, stach er der Diale die eiserne Heugabel durch den Leib, in der wirklichen Meinung, nun habe er den Teufel umgebracht und fuhr dann rasch davon. Die Diale ließ einen durchbringenden Schmerzensschrei hören, und bald sammelte sich eine große Anzahl Dialen um sie herum und fragten: „Wer hat das gethan?" Sie gab sterbend zur Antwort: „Ich selbst." Da sagten die Andern: „Was man selbst thut, genießt man selbst" (Chi suess fà, suess giauda). Seit dieser Zeit aber wurden in Wald und Feld keine Dialen mehr gesehen.

Das Ungeheuer Lüscher-See.

In einem kleinen Thälchen auf dem Heinzenbergergrate liegt der kleine Alpsee Lüsch; er ist von Haidekraut und Alpenrosen bekränzten Hügeln umgeben. Dieser kleine See ist in seiner lieblichen Umgebung ein Bild der Ruhe; vor einem nahen Ungewitter aber, noch ehe schwarze Wolken den Himmel rings umnachten — wenn der Föhn sich wilder erhebt und grausam pfeift, werfen die eigenthümlich geformten Bodengestaltungen einen Wiederhall zurück, der fernem Brüllen ähnlich ist und weithin gehört wird. — Da sagen die Heinzenberger und Savier: „Der Lüschersee brüllt!" — hängen die Sense auf und tragen das Heu halb dürr in die Scheune. — Von ihm geht die Sage:

Zur Zeit, da die Hirten mit den stolzen Burgherren und Raubrittern um ihre Freiheit kämpften, weideten friedlich gesinnte Bauern ihre Kühe auf dem saftigen Rasen am Lüschersee und hatten ihre Freude am Treiben und harmlosen Ringen ihrer Heerde.

Aber oben auf der Höhe stand ein Trupp Domleschger Burgherren, die von der Steinbocksjagd kehrten; die schauten hernieder auf Hirten und Heerde, und es kam ihnen in den Sinn, an denen ihren Schabernack auszuüben. — Sie überfielen mit rohem Geschrei die wehrlosen Hirten, sprengten sogar mit Lanze und Schwert die armen Kühe in den See und der verschlang bald und erbarmungslos die zum Tode verwundeten Opfer; die Bauern sahen mit Wehmuth ihre Habe versinken; in ihr Wehklagen mischte sich das Hohngelächter der rohen Sippe.

Das ächzende Brüllen der Thiere war kaum verstummt, als plötzlich der See anfing, unruhig zu werden, die Wasserfläche seltsam und gewaltig sich zu bewegen begann, wild aufrauschte und aus dem weißen Schaum ein grauenerregendes Ungeheuer ans Ufer sich wälzte. Diese gräßliche Erscheinung hatte die Gestalt eines ungeheuren Kuhbauches („Butatsch cun ilgs"), um und um dicht besetzt von tausend und tausend großen Augen, die unbeweglich alle auf nur einen Punkt gerichtet, ein entsetzenerregendes, Mark und Bein schmelzendes Feuer sprühten.

Von dem höllischen Blicke festgebannt, konnten die Frevler nicht entfliehen, und Einer nach dem Andern wurde von dem Ungeheuer, das sich auf sie zuwälzte, erdrückt. — Die zu Tode erschrockenen Hirten aber blieben verschont und sahen, wie das Ungeheuer ans schaumbedeckte Ufer zurückrollte und in die tobenden Wellen des brüllenden See's sich senkte, die über ihm zusammenschlugen — und der See wieder ruhig wurde, wie er es zuvor gewesen.

Seit diesem Gottesgerichte lebt die schauerliche Sage vom „Butatsch cun ilgs" im Munde des Heinzenberger Volkes fort, und alle hundert Jahre soll der See sein Ungethüm wieder geben in Schrecken von zerstörenden Naturereignissen, welche die schöne, fruchtbare Halde verwüsten.

Gräßliches verbarg die bodenlose Tiefe des Alpsee's, „dessen Wasserfluthen bis in die Mitte der Erdkugel reichen, wo ewige Feuermeere brennen." — Da stieg wieder einmal der rächende Geist, der „Butatsch", aus der brüllenden Fluth, wälzte sich verderbenvoll die Halde hinab und grub dem rasenden „Rolla" tief, tief in die Abgründe der Erde sein Bette und verschwand.

Zum dritten Male, wieder nach hundert Jahren, stieg er aus dem Schooße der Erde, rollte in das sonst silberhelle Bächlein, das so frieblich dahin rauschte, die blühenden Auen bewässerte. Nun aber hatte der fürchterliche „Butatsch" in dasselbe sich gebettet und kugelte nicht nur das Rinnsal hinunter, sondern wurde dabei noch immer größer und größer und riß in seinem Laufe ein ungeheures Tobel auf. Das kleine unscheinbare Bächlein ward zum reißenden Bergbache, der das Tobel mit seinem dicken Schlamme, Steinen und Holzblöcken füllte und im Weiterlaufe auch in der Ebene, am Fuße des Abhanges, großen Schaden anrichtete. Das geschah in gräßlicher Gewitternacht.

Von dieser Schreckensnacht oder „starmentusa Notg" wird noch jetzt viel erzählt. Den Butatsch aber zu sehen, ist Niemand Willens, denn Niemand will dem grausig leuchtenden Blick der tausend und tausend starren Augen begegnen, der das Blut gerinnen macht und die tiefste Ohnmacht bewirkt.

Der Geist im Urden-See.

„Mein Arm ist schwach, mein Haar ist grau,
Nicht leb' ich mehr länger, ich arme Frau.

Vom Weinen sind meine Augen roth,
Mein einziges Hoffen ist der Tod.

Mein einziges Hoffen ist der Tod,
Er löst mich aller Angst und Noth.

Er löset mich von Qual und Pein,
Dann geh' ich zum himmlischen Frieden ein.

Dann hör' ich der Engelein Lobgesang.
Jetzt will ich thun den letzten Gang.

Wohl ist die Kirche viel' Stunden weit,
Doch kehr' ich dann besser zum Tode bereit."

Und wie sie wankte durchs grüne Thal,
Da brannte heiß der Sonne Strahl.

Es lag auf den Gliedern wie Blei ihr schwer,
Es glühte die Luft, ein Flammenmeer.

„So hilf mir, Herr, zum ersehnten Ort,
Dir hab' ich vertraut, du bist mein Hort." —

Die Sennhütt' winkt aus der Wiese Grün;
Sie schleppte mit sterbenden Kräften sich hin.

Der Senne schlug die Thüre zu:
„Geh' fort, du Bettelweib, laß mich in Ruh!"

Da sank sie zu Boden, entkräftet, bleich:
O Senn, nur ein Tröpflein Milch mir reich'!"

Da streckte sie aus den hagern Arm:
„O Senne, hab' Mitleid, erbarm' dich, erbarm'!"

Und klagte, und weinte bitterlich,
Bis endlich des Mannes Starrsinn wich.

Er trat heraus, ein Geschirr er trug:
„Nun, Alte, sollst du bald haben genug!"

Und schaute sie an so seltsam dazu,
Und melkte in Eil' seine rothe Kuh.

Die Milch bot er der Alten an,
Da hat er schnell Gift hinein gethan.

„Was du mir gethan, vergelte dir Gott!"
Da verzog er den Mund zu hämischem Spott.

„Leb' wohl, und der Himmel beschütze dein Dach!"
Da schaut er mit teuflischer Lust ihr nach. —

Und als sie ging ihren Weg fürbas,
Da schmerzt' es sie heftig, sie wußte nicht was.

Und als sie erreichte des Hügels Höh',
Durchzuckte sie jach, wie Dolche, das Weh.

Sie sank dann zur Erde mit lautem Schrei;
Es rollten die donnernden Wolken herbei.

Es stand der Himmel schnell in Glast,
Es spaltet die Erd' sich, in schauriger Hast.

Die Alpe sank nieder, und wo sie geruht,
Da decket die Tiefe der Wasser Fluth. —

Das ist der See von Urben; noch führt
Ein Fußweg zu ihm, und drinn sich verliert.

Dort gehen die Hirten schnell vorbei,
Dort hört man oft in den Lüften Geschrei.

Und alle sieben Jahre soll
Durchtosen den See ein dumpfes Geroll.

Dann milkt der Senn seine rothe Kuh,
Die Wolken donnern, und blitzen dazu.

Und hat er sein nächtlich Geschäft dann vollbracht,
Versinkt er heulend in alte Nacht.

Das Krachenmannli.

Zwischen den Gemeinden Peist und Langwies steht ein langer Streifen Wald, der „Mattenwald" genannt, der vor vielen Jahren Peist angehörte.

Die von Langwies machten nun Ansprüche auf den Wald, die Peister behaupteten ihr altes Recht, es brachen arge Streitigkeiten aus, und die Gemeinden gingen mit einander vor Gericht.

Zu ihrem Leidwesen bemerkten die von Langwies, daß der Prozeß für sie faul werden sollte, und da trat ein Mann aus ihrer Mitte hervor, der schwörte einen falschen Eid. Er hatte einen Löffel unter den Hut und Erde in die Schuhe gethan, und that den Schwur: „So wahr ich den Schöpfer über meinem Haupte und Erde unter meinen Füßen habe, so wahr gehört der Wald uns." — Kaum hatte er dieß gesagt, fiel er, wie vom Blitze getroffen, zu Boden, wurde kohlschwarz und gab seinen bösen Geist auf.

Seither muß dieser Mann im Walde „geisten". Sobald die Abendglocken den Thalbewohnern Ruhe vom Tagewerk verkünden, muß er in der Mitte des verrufenen Waldes am Wege von Peist nach Langwies, langsamen Schrittes auf und ab gehen, bis am Morgen, wenn die Glocke den Tag wachruft. Bald ist er ein kleines winziges Mannli, bald ein Riese mit feurigen Augen und Zähnen, trägt kurze Hosen, einen langen Frack und einen großen Hut, wie man es zu seiner Zeit getragen. Auch kann er sich in ein Thier verwandeln. So verwandelte er sich einmal in eine Kuh und verlockte in dieser Gestalt einen Hirten, der ein verirrtes Rind suchte, weit ins Gebirge hinauf, bis auf einen Felsen im Mattenwalde, „Krachen" genannt. Dort stand plötzlich das Mannli vor ihm und lachte höhnend laut auf und verschwand.

Der Hirte kehrte scheltend und ärgerlich nach der Hütte zurück, wo er das verlorne Rind mit zwei Ketten angebunden, wieder fand.

Der unerschrockene Sumvixer.

Ein rüstiger Sumvixer, der in der Nähe der Alp wohnte, entschloß sich einmal auf eine Alp zu gehen, die sonst sehr verrufen war. Alles hielt ihn von seinem Vorsatze ab; aber er ließ sich nicht halten. Er wollte nämlich einmal wissen, wie das kam, daß man in dieser Alp alle Morgen eine Herde austreiben, diese am Abend heimkehren, vom Dache der Hütte den Rauch aufsteigen sah, aber nie weder Sennen, noch Hirten, nicht einmal einen Handbuben erblicken konnte. — Das wollte er ergründen.

Ging also zur verrufenen Hütte hinauf, rief, dort angelangt, laut, jauchzte und jobelte, aber Niemand antwortete ihm, und er bekam auch Niemanden zu sehen.

In der Hütte war Alles still. Festen Trittes ging er in die Küche. Auf dem Herde brannte ein Feuer, und über dem Feuer hing der Keffel, zum Käsen gerüstet. Er wartete lange, das Feuer brannte von selbst vorwärts und der Kessel brannte doch nicht an.

Er trat in das Stubengemach. Auf dem Tische standen Teller, Bestecke, und Speisen aufs Beste zubereitet, aber von einem menschlichen Wesen war „kein Bein" zu sehen. — In der Ecke war ein Mooslager. Auf das legte er sich, um abzuwarten, ob denn eigentlich Niemand kommen wolle, und hüllte sich ganz in's Moos ein.

Endlich trat ein großer, wüst aussehender Mann in die Stube, der sprach: „Noch ein Teller für den, der dort im Bette liegt, fehlt." Obgleich der Sumvirer sich entdeckt sah, verzagte er doch nicht.

Jetzt trat der Riese zu ihm her, redete ihn in freundlichem Tone an und sagte: „Fürchte dich nicht; wenn du immer das Rechte sagst, bei dem was ich dich frage und dir zeige, wirst du reich und kannst mich erlösen, denn ich muß hier umgehen, weil ich meinen Herrn erschlagen habe, und muß sein Vieh hüten und käsen, bis der Rechte kommst; bist du aber nicht der Rechte, so muß ich auch dich erwürgen."

Der Geist führte ihn an den Tisch und hieß ihn essen. „Wer das gekocht hat, soll's auch essen", erwiderte der Sumvirer.

Auf der Bank stand ein Kübel, den solle er in den Keller tragen! „Das geht mich nichts an, ich habe ihn auch nicht hergebracht."

Der Riese ging mit ihm in den Keller, grub dort Erde aus, und zeigte ihm einen Eimer mit Gold gefüllt, „den nimm heraus". „Ich habe ihn nicht eingegraben und grabe ihn auch nicht aus", entgegnete der Andere.

Nun nahm der Geist den Eimer selber zur Hand, und legte das Gold in zwei Haufen vor den Sumvirer hin. „Nun wähle und ziehe recht; nimmst du den unrechten, sind wir Beide verloren."

Der Sumvirer, um den rechten zu bekommen, nahm beide Theile, und erlöste damit den Geist, welcher alsbald verschwand.

In die Stube zurückgekehrt, fand der Unerschrockene auf dem Tische eine Quittung, daß die Hütte, die Heerde und die ganze Alpe sein Eigenthum seien.

Von der Zeit an sah man wieder Heerden aus- und eintreiben, von dem Schornsteine der Hütte Rauch aufsteigen, aber auch Sennen, Zusennen und Hirten handtiren, denn die Alpe war dem Sumvirer geworden und ist ihm geblieben.

Der starke Balz.

An einem Herbsttage kam der Fuhrmann Balz ab der Langwies von Chur nach Tschiertschen, und noch in der Nacht wollte er heim. Es war stichdunkel, so daß man ihn warnte, weiter zu gehen, da ihm so leicht ein „Ungfell" zustoßen könnte, und er dann hülflos umkommen müßte. Balz aber war ein unerschrockener Wildner, und hart wie der Felsen, an den daheim sein Häuslein lehnte; aber roh und gottlos war er auch, der Balz; und so that er den Fluch, er gehe heim, und wenn selbst der Teufel käme, der würde ihn nicht „baschgen", oder ihn auf den „letzen" Weg bringen.

Gesagt, gethan; der böse Balz ließ sich nicht halten, und ging, und kam glücklich in den Wald hinterhalb des Dorfes, bis zum Holzriese, das ins Tobel fällt. Aber dort stellte sich ihm ein Mann von sonderbarer Körperbildung entgegen, der behauptete, Balz sei auf dem unrechten Wege. Balz sagte „nein" und wollte, den Unheimlichen bei Seite drückend, seinen bekannten Weg vorwärts gehen. Nun machte sich der Fremde daran, den Balz gewaltsam vom rechten Wege abzuleiten; der aber ließ sich den Bart nicht zausen und wurde mit dem Andern „handsgemein". Beide waren aber gleich stark, und es war ein fürchterliches Ringen. (Ein Bube mit einer Laterne war ihm nachgegangen. Dem grausete es ob der Balgerei und er eilte heim, zu erzählen was er vernommene.)

Im Dorfe horchte man, ob nicht ein Hülferuf von Balz, der in der Dunkelheit den Weg ohne Anders verfehlen mußte, zu vernehmen sei, damit man etwa noch helfen könne. Lange Zeit war nichts zu hören, bis auf einmal ein verworrenes Fluchen vom Tobel her, dann ein Krachen und Rascheln, als ob ein großer Stein durch die Stauden hinab rolle; erst nach einer Weile wurde es still. Am Morgen suchte man nach dem Balz, der ohne Anders erfallen sein mußte, aber nirgends konnte man ihn finden.

Nach vielen Monaten kam endlich Balz wieder zum Vorschein, von Langwies heraus nach Tschirtschen, aber gleich bemerkte man an ihm eine gewaltige Veränderung. Er war nicht mehr so roh und gottlos.

Man fragte ihn, wie es ihm in jener Nacht gegangen sei, und da erzählte er, im Ries sei ihm der Böse, den er bis anhin nicht gefürchtet habe, begegnet, mit dem habe er gerungen, bis es „z'Tag glüt'". Keiner habe den Andern wollen laufen lassen und sie hätten sich Beide zu erwürgen gesucht; im Ringen seien sie miteinander das Ries hinuntergekugelt und noch unten im Tobel, am Wasser hätten sie gerungen und Keiner „lugg" lassen wollen. Da habe es gegen Morgen „z'Tag glüt'" und auf einmal sei der Andere verschwunden. Balz zeigte die Maale an seinem Halse, und von da an hieß das Ries, wo der Böse ihn angepackt, das „Balz=Ries".

Der Melkstuhl.

Die Aelpler hatten vom Ober= auf den Unter=Säß „gerobet", und broben nichts vergessen, als einen schönen, neuen Melkstuhl, der dem Sennen gehörte. Der Senn bemerkte dieß jedoch erst am Abend, als er melken sollte, konnte jetzt aber nicht auf den Obersäß laufen, und des Stuhles wegen das Melken versäumen. Das Melken ging seinen Gang, die Kühe zogen auf ihre Lager, die Knechte zündeten mitten in der Hütte das „Hengertfeuer" an, und über die Alpe lagerte sich rabenschwarze, stockfinstere Nacht. „Es ist doch unheimlich dunkel", sagte der Zusenn, „heute Nacht würde ich nicht auf den Obersäß gehen, nicht um die schönste Kuh im Sennthume." „Nun das wäre etwas", entgegnete der Küher. Darauf sahen die Andern ihren Toni, so hieß der Küher, groß an, denn sie trauten ihm so vielen Muth nicht zu; und es meinte jetzt der Senne: „Gut, Toni, du könntest grad hinauf und mir meinen Melkstuhl holen, und dann soll die schönste Kuh im Sennthume dein sein; aber warten mußt du bis Mitternacht. „Es gilt", sagte der Küher, und entschloß sich, den Gang zu wagen.

Als nun die zwölfte Stunde kam, brach Toni auf. Noch schwärzer war die Nacht geworden, und der Wind heulte in schauriger Melodie durch die Finsterniß hin.

Toni war nicht weit gegangen, als er, trotz der Dunkelheit, einen unheimlich aussehenden Mann auf sich zukommen sah, der jetzt dicht vor ihm stand, und ihm sagte, er solle es sich nicht träumen lassen, zurück zu kehren, sonst dürfte es ihm nicht gut gehen. Jetzt gereute es doch den Küher, den Gang gewagt zu haben.

Der schwarze Unbekannte gebot ihm, hinauf in die Hütte zu gehen, und dort sitze Einer auf dem Melkstuhle des Sennen; gelinge es ihm nun, in drei „Sträcken" den Stuhl zu nehmen, so sei's gut, sonst aber habe er die längste Zeit gelebt.

Mit diesem Troste wanderte Toni weiter in die pechschwarze Nacht hinein, der Unbekannte aber verschwand.

Als er nun auf den Obersäß und an den Stafel kam, hörte er in der nahen Bergseite Jodeln und Schellengetöne, gerad ob Jemand die Kühe sammeln wollte, und doch waren dieselben auf einer ganz andern Seite der Alp.

Mit klopfendem Herzen betrat Toni die Hütte; in derselben war's eben so finster als draußen; nur gegen die Kellerthüre zu war's etwas lichter, und im Halbdunkel sah er dort einen Mann auf dem Melk= stuhle sitzen und sich kämmen. — Unserm Küher wollte das Herz in die Schuhe fallen, denn dieser geisterhafte Mann sah aus, schreck= licher als der leibhaftige Tod. Doch besann sich Toni nicht lange, trat hinzu, faßte dann das Stuhlbein, und that einen kräftigen „Strack"; allein der Stuhl blieb felsenfest; dem Toni wurde es grün und gelb vor den Augen. — Beim zweiten Stracke blieb der Stuhl ebenfalls fest, hatte aber doch so „eh'gen glötterlet". — Den Angst= schweiß auf der Stirne, that Toni einen dritten, fast übermenschlichen Strack, und hielt nun den Stuhl frei in seinen Händen. Der Andre aber sagte: „Hättest du in den drei Malen den Stuhl mir nicht entreißen mögen, so hätte ich dich zerrissen wie „z'Gstüpp an der Sunna"; so aber ist's gut, du hast den Preis verdient, aber noch nicht erhalten.

Fröhlicher als er gekommen, ging nun Toni weg, dem Untersäß zu, wo er ohne weitere Unbilden ankam. Die Uebrigen waren seiner Rückkehr begierig; er erzählte ihnen seine Erlebnisse, und erndtete gebührendes Lob für seine Standhaftigkeit und schließlich doch glück= lichen Gang.

Und es vergingen Tage um Tage, und der Herbst kam heran, und mit ihm die Zeit, da wieder von Alpe gefahren wurde. — Da erinnerte der Küher den Sennen an seine Verpflichtung gegen ihn. Dieser aber bedeutete ihm, er möchte denn die im Spaße hingeworfenen Worte nicht als ernst gemeint auffassen, und die Hoffnung auf die Heerkuh fallen lassen. Dazu verstand sich Toni aber nicht, und wollte es nöthigenfalls auf einen Richterspruch ankommen lassen. — Der Handel kam wirklich vor Gericht; hier stellte sich denn auch ein altes, graues Männlein ein, welches am Ofen stehend, den Verhandlungen zuhörte. Der Senn wußte durch Lug und Trug seine Sache zu führen, daß Jedermann glaubte, er müsse gewinnen. Da trat das alte Männlein vor ihn hin, gab einem Kieselsteine, den es in der Hand hielt, einen „Schmutz", daß der Stein sofort in Fünklein, wie Mehl so fein, zerstob, und sagte dabei zum Sennen: „Gerade so werde ich es dir machen, wenn du nicht Wort hältst dem Küher." — Da sah denn der Senn, daß hier eine mächtigere Hand ins Recht greife; er mußte seinem Küher Wort halten, und ihm die Heerkuh geben.

Der schwarze Pudel.

Eine blühende Weide mit einer stattlichen Alphütte war einst da, wo jetzt auf dem Heinzenberge der Bischoler-See liegt. — Diese schöne Trift gehörte einem reichen, geizigen Sennen.

Zu dem kam eines Tages ein armer Mann müde über den Berg her, matt von der drückenden Hitze, und bat ihn um einen Trunk Milch. Der Ruchlose gab ihm mit „Lab" durchsäuerte Milch, dessen der Durstige erstlich nicht gewahrte, und dankend weiter ging. Aber bald verursachte die genossene Labe dem Armen die heftigsten Schmerzen.

Alsbald kam auf das Jammern des armen Mannes ein großer, schwarzer Pudel mit feurigen Augen aus dem Boden hervor, nahte sich dem Bewußtlosen, leckte ihm die Hand, und die heftigsten Schmerzen verloren sich augenblicklich; dann sprang das zottige Thier zur Sennhütte, riß den unbarmherzigen Sennen heraus und drehte ihn an der Stelle, wo er dem Armen den übeln Trunk gegeben, so lange im Kreise herum, bis unterirdisches Wasser überall hervorquellte, und Sennen, Hütte und Weide verschlang.

Das weiße Pferd in Urezas.

Als man zwischen einzelnen Landschaften bestimmte Grenzen zog, kamen die Gemeinden Fetan und Steinsberg wegen der Theilung eines Stückes Land, nämlich der Gegend zwischen der Alp Urezas und Urschei, in Streit. Die stärkere Partei, der Vogt von Fetan und seine Unterthanen, trugen den Sieg davon, und theilten nun das Land nach ihrem Belieben, freilich zu Ungunsten Derjenigen von Steinsberg. — Der Vogt ließ an der Grenze eine Schanze aufwerfen, oder vielmehr eine hohe Mauer errichten; vom Rosse herab sah er hohnlächelnd der ungerechten Theilung zu. Er war Richter und seinem Spruche mußten die Steinsberger sich fügen.

Nun muß er aber fast jede Nacht um zwölf Uhr, auf seinem Schimmel reitend, zur Schanze hin, dort ein paar Male diese entlang, auf und ab reiten, dann in schnellem Trabe ins Dorf Steinsberg reiten, immer durch die gleiche Gasse, in der sein Haus gestanden, und unter den Hufen des Pferdes sprühen die Steine Funken; dann reitet er durch mehrere andere Gassen, führt dann den Schimmel zu einem Brunnen, um ihn trinken zu lassen. Hierauf setzt er sich wieder zu Pferd, sprengt den Alpweg wieder hinan, und macht, an der Mauer angekommen, seinen Ritt an derselben auf und ab, stößt zuletzt einen erschrecklichen Pfiff aus, und verschwindet.

Wie der Handbub das Jauchzen und Jodeln lernte.

Als man einst bei der Entladung der Alp von Compabiels einen Melkstuhl vergessen hatte, sollte der Handbub hinauf, denselben zu holen. Er ging, kam aber erst am Abend spät zur Alphütte und blieb dort übernacht; er konnte aber nicht recht einschlafen.

Um die Zwölfe erwachte er vom leichten Schlummer, und erblickte zu seiner großen Verwunderung um den Feuerherd drei Sennen, von denen Einer auf dem Melkstuhle saß, den er heim holen sollte. Diese drei thaten nun Milch in den Kessel, und gaben davon dem Handbuben; er trank, und so gut hatte noch nie die Milch ihm geschmeckt. Sie ließen ihm auch die Wahl zwischen drei Künsten:

„gut fingen, gut jauchzen und jobeln, oder gut pfeiffen" zu können. — Er wollte gut jauchzen können.

Am Morgen nun, als er mit dem Melkstuhle bergab sprang, wollte er seine Kunst probiren, und wirklich konnte er jauchzen, daß er sich selber gern hörte und immer zujauchzte. — Als er nun drunten im Thale so schön jauchzte und jobelte, verwunderten sich seine Kameraden sehr, und er mußte ihnen erzählen, wie er es erlernt habe. — Der Senn wollte auch so schön jauchzen können, und ging an einem Frühlingsabend in die Alphütte hinauf, um von den drei fremden Käsern das Jauchzen und Jobeln zu lernen. — Es ging ihm Anfangs wie dem Handbuben, aber zu ihm sagten die drei Sennen, als sie ihn auf dem Lager im Winkel erblickten: „Dich hat Niemand geheißen." — Sie zerrissen ihn in Stücke.

Der Drache in der Alpe Macun.

Auf der Ostseite des Zerneßer=Kirchberges ist die Laviner Galtvieh=Alpe Macun, wo der größte von den kleinen Alpseen von einem Drachen bewohnt wird. Der steigt zuweilen aus dem Wasser, schüttelt die Flügel, und schaut gräßlich um sich, dann schleicht er umher, bis er ein verlaufenes Rind antrifft, das er dann nach dem See hin zieht, um mit ihm in der Tiefe des Wassers zu verschwinden; hat er aber lange Zeit nichts mehr gekriegt, so brüllt er so schrecklich, daß man ihn über die Berge hört. — Kommt man bei schönem Wetter an diesem See vorbei, wirft einen Stein hinein, und trifft zufällig damit den Drachen, so schäumt der See so stark auf, wie beim ärgsten Sturme, es entsteht sodann ein entsetzlicher Nebel über dem Wasser, und aus diesem Nebel ein heftiger Platz=regen. — Dann wird der See wieder ruhig.

Der Drache im Alpiglia=See.

Joh. Branca von Guarba soll den kleinen See am Fuße des Pic Mezdi, in welchem ein schrecklicher Drache hauste, mit Hülfe eines Beschwörers mit Blättern und Zweigen überdeckt, und dadurch

das Ungethüm genöthigt haben, mitten in einem entsetzlichen Unwetter
den Ort zu verlassen. Der Drache kollerte die Felswände hinab, dem
Inne zu, schwamm bis nach Innspruck, und wurde dort ohne große
Gefahr getödtet.

Der Geist auf Brün.

Zur Gemeinde Valendas gehört der Hof Brün hoch am Berge
droben, und dieser Hof theilt sich in Vorder- und Hinter-Brün. —
Ueber Hinter-Brün dehnt ein unheimlich-dunkler Wald sich aus.

In diesem Walde soll vor Zeiten ein Mann, ein Schreiner von
Gewerbe, wegen einer Marche seinen Nachbarn erschlagen, und den
Leichnam entsetzlich zerstümmelt haben. — Um die Mordthat zu
verdecken, fertigte der Mörder aus einem dicken Tannenstamm, durch
Aushöhlen, einen Sarg, legte den Erschlagenen hinein und machte
die Höhlung wieder zu. Es war dieß zur Zeit, als der Bergbach
hoch ging, und das Wasser führte den Sarg durch die Schlucht in's
Carrèra-Tobel, bis dorthin, wo eine Brücke die steinigen Ufer vereint.

Der Mörder kam bald nach seiner Unthat beim Holzfällen um's
Leben, und muß von dieser Zeit an geisten. Man hört ihn in finstern Nächten bald da, wo der Mord geschehen, bald dort, wo er
den Sarg gezimmert, weiter zimmern und hacken, daß man es selbst
in den umliegenden Höfen hört. Er muß immer neue Särge machen,
und hat er einen Tannenstamm sauber ausgehöhlt, wirft er ihn ins
Tobel hinab, und jauchzt dazu, daß es schauerlich wiederhallt. —
Aber bald nimmt ihm der reißende Wildbach sein Machwerk fort,
in den Rhein, und der Aermste beginnt, ächzend und wehklagend,
einen neuen Stamm auszuhöhlen.

Der Hausbuß „Stutzli."

Noch ganz das gutmüthige und zutrauliche Wesen eines Haus-
geistes zeigte in Serfrangen bei Klosters ein Hausbutz,
„Stutzli" genannt. Sein Lieblingsplätzchen war die Ofenbank. Da
kam in dem Hause, wo Stutzli sich befand, ein Kindlein zur Welt,

und wenn man das Kinblein in der Wiege zur Ofenbank stellte, wiegte der Stutzli dasselbe die längste Zeit. Nach und nach verschwand der Stutzli. „Er wurde erlöst durch das Wiegen des unschuldigen Kinbleins."

Der launige Alpbutz.

Ein ganz launiger Kerl von einem Butz war auch in der Ober-Säß in Schlapin. Auf dieser Alp hat einmal der Großhirt am Herbst bei der Alpfahrt mit Fleiß und Vorbedacht ein Rind zurückgelassen. Des andern Tages nun schickte er seinen Kleinhirten hinauf auf die Alp, das vergessene Thier zu holen. Auf der Nonnenalp hauste aber seit undenklicher Zeit schon ein Butz im „Dajagmach", dazu mochte der Großhirte den Kleinen gar nicht leiden, und da dachte er sich, wenn der kleine Mirnutz allein hinaufkommt, so wird ihn der Alpbutz schon in Empfang nehmen. Der Kleinhirte nimmt auf Geheiß seines Meisters den Weg unter die Füße und kommt zur Alphütte, wo er im Stafel das Rind findet, behaglich wiederkauend. Er setzt sich im Stafel zur Rast, packt seinen Schnappsack und fängt an zu „marenben". Ueber eine Weile kam der Alpbutz herein, und kauerte sich ohne Wort und Werk neben dem schmausenden Kleinhirten auf den Boden nieder. Der Kleinhirte bot dem Butze auch von seinem „Marende" an, und letzterer griff tapfer zu. Beim Abscheide gab dann der Butze dem Hirten ein zierliches „Schelmapfifli" als Geschenk. Als dann das Hirtlein Abends mit dem Rinde und dem „Schelmapfifli" nach Hause kam, schaute der Großhirt ganz verwundert drein, um so mehr als er vernahm, das Pfifli habe einen so schönen Ton. Er dachte: Der Butz muß doch so arg nicht sein, und ein solches Pfifle möcht ich auch haben, ließ sich dasselbe zeigen und probirte es; o wie schön konnte er mit dem musiziren, so laut, daß es in den Bergen erhallte und so leise und milde, daß er es selbst kaum hörte. „So eins muß dir der Butz auch geben, ob er will oder nicht." — Er ging dann auch allein benselben Herbst nach der Alp, aber vom habsüchtigen Großhirten ist nichts mehr zurückgekommen.

Das Nebelmännlein auf der Stutz-Alpe.

Wo aus dorfgeschmücktem Thale
  Stolz der Berg sich hebt hinan,
Liegt im hellsten Abendstrahle
  Leuchtend, einer Alpe Plan;
Dorten über grüne Höhen
Schöne Kühe heimwärts gehen
  Euterstrotzend, wohlgethan.

Lockend ruft der Senne, strecket
  Mit dem Salz die Hände hin,
Achtet wohl, daß jede lecket,
  Keiner mag er es entzieh'n;
Denn es kommt dabei das alte
Wunderbarlich ungestalte
  Nebelmännlein ihm zu Sinn.

Das, wenn Wolken niederhangen
  Regenschauernd, frostig, grau,
Mit dem Schleier zu umfangen
  Lichten Himmels helles Blau,
Auf der Alpe pflegt zu Zeiten
Leisen Schritt's umher zu gleiten
  Und zu schweben durch die Au.

Einen Hut gar breiten Randes,
  Trägt es, Holzschuh' hat es an,
Mit der alten Tracht des Landes
  Seltsam ist es angethan;
Um die nebelweiße, weite
Jacke hat es an der Seite
  Eine Tasche umgethan.

So erscheint es bei den Hütten
  Wenn es dunkelt, Abends spät,
Oefter auch am Tage, mitten
  Unterm Vieh umher es späht.

Seine Hände lockend strecket,
Und wenn keine Kuh sie lecket,
Trauernd dann von hinnen geht.

Denn so laut das alte, schlimme
    Nebelmännlein, traumbethört
Auch erhebe seine Stimme,
    Niemals doch das Vieh ihn hört;
Und es geht die alte Kunde
Bei den Hirten, die vom Munde
    Ihrer Väter sie gehört:

Dieses sei ein ungerechter
    Hirt gewesen an der Statt,
Der dem Vieh, zu dessen Wächter
    Er bestellet, Untreu' that,
Der das Salz nicht recht verwogen,
Ein'gen Kühen es entzogen,
    Und gegeben Andern satt.

Jetzo aber müss' er schweifen
    Durch die Triften leis' und sacht',
Wenn die Wolken düster streifen,
    Wenn es schneit in dunkler Nacht,
Bis die rechte Zeit gekommen,
Bis das Vieh den Ruf vernommen,
    Er das Unrecht gut gemacht.

Darum lockt der Senne, strecket
    Mit dem Salz die Hände hin,
Achtet wohl, daß jede lecket,
    Mag es keiner je entzieh'n;
Denn es kömmt dabei das alte,
Wunderbarlich ungestalte
    Nebelmännlein ihm zu Sinn.

Der Geist am Crap Saßlatsch.

Der Bach Sagliaints bildet die Grenzmarche zwischen Lavin und Süß. Die Volkssage erzählt: Es sei einst diese Grenzmarche zum Vortheil der Laviner dadurch bis zum Felsenvorsprunge Crap Saßlatsch vorgeschoben worden, daß ein Mann den in Sagliaints ausgegrabenen Grenzstein dorthin versetzt und hierauf ein richterliches Erkenntniß das streitige Gebiet den Lavinern zugesprochen habe. Einige Zeit nachher sei dieser Mann gestorben und habe am Crap Saßlatsch als Geist umgehen müssen, wobei er beständig gerufen: „Wo soll ich ihn hinsetzen?" Das habe so viele Jahre lang gedauert, bis daß ein Vorübergehender dem Gespenste erwiederte: „Setze ihn in Gottes Namen wieder hin, wo du ihn hergeholt hast." Da habe der Geist sich bedankt, den Stein an die alte Stelle gesetzt, und auf dieses Zeugniß sei die alte Grenze wieder hergestellt worden.

Der versetzte Marchstein.

Vor alten Zeiten gehörte die schöne Lampertsch-Alp in Zervreila den Valsern, nun aber in das Gebiet von Blegno. Die Sage, wie diese Alp an letzteres kam, ist die:

Mitte des siebzehnten Jahrhunderts hatte die Gemeinde Vals die jetzige große Kirche am „Platze" gebaut, welcher Bau die Einwohner in große Schulden brachte, weßhalb sie sich genöthigt sahen, zwei Alpen, nämlich Tomül und Lampertsch zu verkaufen. Letztere, die beste Alp des Thales, wurde angeblich für die geringe Summe von tausend Gulden an Blegno verkauft. Ein Advokat von Bellenz soll den Kaufbrief ausgefertigt haben, mit genauer Bezeichnung der Kaufbedingungen und Angabe der Grenzen; in demselben soll ausdrücklich bemerkt worden sein, daß die Alp auf der Ostseite bis zu einem gewissen siebenkantigen Steine, wo als Marche ein steinernes Kreuz stand, herausreiche, daß sie dagegen auf der Westseite nicht weiter gehe als bis zum „Hornbache". — Von diesem Kaufbriefe wurden zwei gleichlautende Exemplare gefertigt und jede Part erhielt eines davon. Durch Unvorsichtigkeit oder Betrug ging den Valsern ihres verloren, was denen von Blegno zu Ohren kam, und letztere nicht faul, fälschten ihr Schriftstück, indem sie in dasselbe hineinflickten, „sie gehet auf der Westseite ebenso weit als auf der Ostseite." — Als nun die Blegner mit ihrem Vieh über den „Hornbach" rückten, übten die Valser Gegenrecht, worauf erstere behaupteten, die gekaufte Alp reiche ost- und westwärts gleich weit hin, das stehe in ihrem Kaufbriefe, am Hornbache stehe keine Marche. Die Vorsteher von Vals untersuchten die Sache und fanden auch keine Marche; diese hatte nämlich ein Blegner, nach Andern ein Misorer, der bei einem Blegner diente, in den Bach hinunter geworfen. — Jetzt war freilich die Sache bald entschieden: Marche war keine da, und Schriften hatten die Valser keine mehr; der Prozeß fiel zu Gunsten der Blegner aus. — Der Bösewicht, der die Marche beseitigt hatte, fiel bald darauf in eine Gletscherspalte und endete so erbärmlich sein Leben. — Lange Zeit mußte er auf einem feurigen Schimmel reiten, bei allem Unwetter thalaus, thalein, und schreckte während der Nacht die Hirten und Heerden, bis er auf den Lenta=Gletscher hinauf verbannt wurde, wo er in alle Ewigkeit sein Unwesen treiben soll.

Der Geist in Pardenn.

Auf der Alp Pardenn besonders beobachtet man zuweilen das „Rucken" des Viehes. Wenn das Vieh in schönster Ruhe am Weiden ist oder die Sennen eben am Melken sind, läßt sich bald nahe, bald ferne ein eigenthümliches Schreien und Rufen vernehmen, wovon das Vieh in Unruhe geräth, bis daß es wüthend durcheinander rennt und die herzueilenden Hirten mitunter durch das Vieh arg zugerichtet werden. Ist ein Senne eben am Melken, wenn das Vieh „ruckt", thut er am besten, Eimer und Milch im Stiche zu lassen und in möglichster Eile zu flüchten. Nach einer Weile wird dann das Vieh von selbsten wieder ruhig.

Der Tobel=Geist.

Hart unterm Staffel in der Alp Fanin ist ein tiefes Tobel, aus welchem man Nachts zuweilen ein schreckliches Geheul und grausiges Aechzen und Stöhnen vernimmt. Endlich sieht man, wie ein Mann mit ungeheurer Mühe eine todte Kuh den steilen Abhang herauf nach sich zieht; oben am Abhange angelangt, stürzt er dieselbe wieder in den Abgrund hinunter und jauchzt und jobelt dabei, daß es in den Bergen erhallt. — Dieser Mann hütete einst als Hirte in der Alp Fanin das Vieh und ließ, von reichen Nach= barn bestochen, deren Kühe auf einer „Grüne" weiden, wo die besten Kräuter sproßten, verwehrte aber der übrigen Habe den Zugang zu diesem Futterplatze. Eines Tages brach aber doch eine andere Kuh aus, die einer armen Wittwe gehörte und die zog, der Wachsamkeit des Hirten ungeachtet, nach der verbotenen Weide. Das verdroß den ungerechten Hirten, und der sann auf Abhülfe. Nachdem die Kühe der Reichen abermals auf den Futterplatz getrieben worden, legte der Hirte Rinde von einer frisch geschälten Tanne auf den Pfad; die Kuh der Wittwe kam richtig wieder, glitt aber auf der Rinde aus und stürzte in den Abgrund hinunter. — Nun muß der Hirte umgehen und seinen Frevel schrecklich büßen: „Ist die Kuh auf der frischen Rinde ausgeglitscht und in den Abgrund gestürzt, springt er aus dem Gebüsche hervor, schaut vom überhängenden Felsen in die gähnende Tiefe hinunter, jauchzt, daß man es über dem Berge noch hört und klatscht in die Hände — bald aber, sobald das arme Thier zerschellt in der Tiefe verendet, fängt er an zu ächzen, rauft sich die Haare und klettert die steile Felswand hinunter. Bei der Kuh angelangt, legt er ihr einen Strick um die Hörner, um sie mit unendlicher Anstrengung das Tobel heraufzuziehen. Endlich oben angelangt, lacht er dämonisch helle auf, nimmt den Strick ab und stürzt die Kuh in das Tobel hinunter, um seine Aufgabe von vorn zu lösen, und so drei Mal nach einander. — Alle zehn Jahre einmal begegnet er im Tobel einem Manne, der auf dem Rücken einen Hahn trägt und unter dessen Last gar „erbärmlich laid" thut, noch viel schrecklicher „jesmet" als der Hirte mit dem Heraufziehen seiner verwünschten Kuh. Er fragt alle Male seinen Leidensgefährten um die Ursache, warum der kleine Federmann ihn so plagen müsse, und erhält zur Antwort, daß er zur Strafe für ebenfalls ungetreue Hut eingesperrt gewesen, beim ersten Hahnenschrei den Wächter getödtet und entsprungen sei. Seither habe seine Seele keine Ruhe mehr, und er müsse geisten, und das alle zehn Jahre einmal, und den Hahn tragen, von dem j e d e Feder sicherlich schwerer wiege als die Kuh, die er (der Andere) bergauf ziehe. Jedes zehnte Jahr falle aber dem Hahn e i n e Feder aus, und sobald er a l l e r Federn ledig sei, habe auch er endlich die ersehnte Ruhe erlangt.

Der Schutz-Geist.

Auf der Alp L a v e tz am S t ä z e r H o r n hütete ein Berg-Bub viele Jahre lang das Vieh und schützte es besonders während des Nebelwetters oder der Nacht vor Schaden. Zur Belohnung mußte der Senne jeden Abend eine kleine, hölzerne Schüssel mit süßem Rahm füllen und diese auf das Dach der Sennhütte setzen; jeden Morgen fand er diese Schüssel am gleichen Platze, leer. — Eines Abends füllte der Senne aber die Schüssel mit saurer Milch, statt mit Rahm, weil derselbe ihn reute und er über der Gewohnheit ungläubig geworden war. In der Nacht war ein furchtbarer Sturm, der ihn nicht schlafen ließ; er hörte eine starke Stimme, die seinen Namen rief, gab aber keine Antwort, worauf der Berggeist, der ihn gerufen, heftig an die Thüre polterte, bis der Senne aufstand. Der Berggeist rief vor der Thüre weiters: „Undankbarer, wisse, eilf deiner schönen Kühe sind am Felsen verunglückt und liegen erschlagen in der Tiefe." Der Senne konnte durch die Ritze in der Thüre die schreckliche Gestalt des Geistes erblicken und erschrack darüber dermaßen, daß er zu Boden fiel und am Morgen stark verwundet, in der Küche liegend, gefunden wurde. — Die Knechte hatten vom Vorgange nichts vernommen, erst die Erzählung des Sennen ließ sie Schreckliches ahnen. Mit Messern, Beilen und Stricken versehen eilten sie der Felswand zu und fanden richtig elf der schönsten Rinder zerschellt am Fuße derselben. — Seitdem ist auch der Berggeist als Hüter in der Alp Lavetz nicht mehr erschienen.

Der Geist in l'Aual sura.

Den späten Wanderer durch das M ü n s t e r t h a l soll es ja nicht gelüsten, wenn er die Gegend von Aval sura zu passiren hat, zu

jauchzen. Kundige gehen Nachts diesen Weg nicht gerne oder durch=
eilen ihn wenigstens mäuschenstille. — Jauchzt Einer, der um die
Sache nicht weiß, antwortet ihm sogleich eine Stimme, aber von
Ferne her. Jauchzt er zum zweiten Male, scheint die Antwort ganz
aus der Nähe zu kommen. Untersteht er sich, ein drittes Mal zu
jauchzen, erhält er gar keine Antwort, dafür hockt urplötzlich eine
schwere Last, ein Ungeheuer, „l'hom dell' Aual sura" sich ihm auf
den Buckel, die er nicht abschütteln kann und bergan tragen muß bis
zur Stelle, wo es heißt Aval sura, von der der Geist den Namen
hat. — Dort verschwindet er auf einmal. —

Gegenüber von l'Aval sura erscheint ein anderer Geist als Kapu=
ziner mit rothen, feurigen Augen, in welcher Gestalt er aber nur
dem Wanderer folgt, Schritt und Tritt, aber nicht zum Reiter wird.
Augenblicke verschwindet er, dann kommt er wieder und streift so in
der Gegend herum von St. Maria bis Münster.

Der Mulinära=Hans.

Vor vielen Jahren war es ein rauher und geiziger, sogar
ungerechter Mann, der die bischöfliche Meyerei Mulinära unter=
halb Trimmis verwaltete. Fand kein Armer bei ihm Zutritt und
gönnte er Niemanden was, ließ er sich's selber doch nicht abgehen,
denn für sich allein war er ein Schlemmer.

Der starb nun eben bei einem Mahle, in Folge seiner Völlerei
und muß nun geisten auf „Fürsten=Aelpli". Dort sehen ihn die
Hirten oft, diesen Mulinära=Hans (Hans war bei Lebzeiten
sein Taufname gewesen); in der einen Hand hält er eine mächtige
Platte Gesottenes und Gebratenes, in der andern eine große Kanne
Bier, dem er bei Lebzeit so hold gewesen, und ladet Jeden, der ihm
in den Weg kommt, ein, mitzuhalten, und wird erst erlöst, wenn
ihre Drei zusammen mit ihm selbviert essen und trinken ohne Furcht
und Zagen.

Einstmals kamen mehrere Jäger auf diese Fürsten=Alp zur Zeit,
als man schon „z'Thal gefahren" war und übernachteten in einer
Alphütte. — So um Mitternacht hörte Einer von ihnen, der noch

wach war, Jemand um die Hütte „herumholtschen" und störte die Andern auf, und die hören das „Holtschen" auch.

Da sagte der Eine: „Loset, der Mulinära=Hans."

Kaum waren diese Worte ihm entschlüpft, kam richtig der Mulinära=Hans selber und machte die Thüre auf. — Einer der Jäger, der den Hans noch gekannt, erkannte ihn als denselben wieder; nur war er jetzt noch viel größer als bei Lebzeiten und ganz schwarz, und schaute „grusig leib" drein.

Auch diesmal hatte Hans seine Lieblingsspeisen bei sich, setzte sich auf einen Trog in der Hütte und ladete die Jäger ein, mitzuhalten: „O heiliger Geist, ä Schüßla voll Fleisch, ä Kanta voll Bier, chönd setzt i' zu mir."

Den guten Jägern gelüstete nach Braten und Bier nicht, denn trotz der freundlichen Anrede machte der Hans ein „bös" Gesicht, das Alle abschreckte und selbst dem „vierspörigen" Hunde, der Einem von ihnen gehörte, schien die Einladung nicht aufrichtig gemeint, denn er verkroch sich unter die „Pritsche".

Die ganze Nacht durch wiederholte Hans seine Ansprache, aber vergebens, und that zuletzt, als keiner von den Jägern mithalten wollte, so wüst, daß Alle meinten, es sei um sie geschehen.

Mit Tagesanbruch verschwand aber auch der Mulinära=Hans.

Die Rüfe=Hexe.

Vor mehr als hundert Jahren wurde das Dorf Lenz von einer gewaltigen Rüfe überschüttet. Zur selben Zeit hauste hoch über dem Dorfe im Gebirge, wo die Rüfe losbrach, eine Hexe (ein Tobel=Ungeheuer oder Rüfe=Butz). Nicht lange Zeit vor dem traurigen Ereignisse, das Lenz bald treffen sollte, hörte man ein so lärmendes Wortgezänke im Gebirge oben, daß weithin die Tobel und Schluchten davon erhallten. Die Hexe wollte nämlich unter fürchterlichen Schelt=worten die Rüfe bewegen, einmal loszufahren und das ganze Dorf brunten einzubetten. Die widerstand lange Zeit und wollte das Dorf möglichst schonen, brach aber doch endlich los und legte der Hexe zu Gefallen das Dorf zur Hälfte in Schutt und Steine. — Unschuldige Kinder sahen diese Rüfe=Hexe voll Ingrimm auf einem

entwurzelten Eichenstrunke sitzend, mitten in dem fluthenden Rüsen=
gewässer und unter kopfüber stürzenden Felsblöcken durch das Rinn=
sal herabfahren.

Die Hexe in Wolfsgestalt.

In der Gegend von Luzein schreckte einmal ein Wolf Heerde und Hirten und verirte die Landleute auf mancherlei Weise. Er fürchtete nicht nur die Verfolgung der Jäger nicht, gegentheils schien er sie noch mehr dazu anzufeuern, wohl wissend, daß sie ihm nichts anhaben konnten. Waren die Jäger ihm nahe gekommen und im Begriffe Feuer zu geben, kehrte er sich nur um und schaute ganz ruhig zu, wie das Pulver auf der Zündpfanne verpuffte; kein Schuß für ihn bestimmt, wollte losgehen, und lange dauerte die vergebliche Jagd auf den Wolf. — Da kam ein Tyroler; ihm zeigte ein Mann, der dem Wolfe oft vergebens nachgestellt hatte, sein Gewehr, klagte ihm das Aergerniß und war der Meinung, seine Flinte tauge nichts. Der Tyroler, ein Meister im „Verstellen", „Nestelknüpfen" und Anderm mehr, besichtigte das Geschoß, „der Flinte fehlt nix, nur der Schuß ist verstellt," zog den alten Schuß aus, ließ sich drei Gerstenkörner geben, lud dieselben mit dem Pulver und er= mahnte den Jäger, wenn er den Wolf wiedersehe, möglichst gut zu zielen, dann aber beim Losdrücken die Flinte nicht zu nahe an den Leib zu halten, denn der Schuß werde diesmal stark losgehen. — Richtig kam der Wolf wieder, der Jäger legte an und drückte los. Das Feuer war von so starker Wirkung, daß es dem guten Mann doch eine „grausame Täsche" gab und das Flintenschloß weg= sprengte. Am Morgen darauf ging er hin, wo der Wolf gestanden hatte, und fand im Schnee einen Büschel Menschenhaare und etliche Tropfen Blut, auch die Wolfsspuren, die er dann bis nach Pany hinauf verfolgte. Dort war seit längerer Zeit ein altes Weib an= säßig, die im Ansehen einer Here stand; die suchte er auf und fand sie krank im Bette, mit verbundenem Gesichte. Wie sie ihn kommen sah, verführte sie solchen Lärm und Gejammer, daß dem Jäger „wind und weh" wurde und er froh war, aus ihrer Nähe wieder wegzu= kommen; aber seit der Zeit ist auch der Wolf nicht mehr erschienen.

Die Tante als Hexe.

Ein alter Mann in Ruis im Oberlande erzählte, sein Vater sei gestorben gewesen, als er (der Knabe) noch klein war, und da habe er einmal die Mutter gefragt, was Jenem denn eigentlich auch gefehlt habe. Die Mutter berichtete ihm, das sei eine traurige Geschichte, aber ihm wolle sie dieselbe sagen; er sei durch Schuld der Tante ums Leben gekommen und zwar auf folgende Weise: „Dein Vater war ein großer, starker und muthiger Mann und ein geübter Jäger; er hatte sein Vieh, welches er selbst fütterte, auf dem Gute „S ch i = ch i e u", wo er dann oft auf die Fuchsenjagd ging und zu diesem Zwecke stets ein geladenes Schießgewehr in der Nähe hatte. Eines Abends kam ein großer Fuchs und ging vor dem Stalle langsam auf und ab, als wollte er spazieren gehen; am folgenden Abende kam er wiederum, als der Vater eben mit Heu aus der Scheune kam. Er ging nun in den Stall, holte die Flinte, legte an, aber der Schuß wollte nicht losgehen. Der Fuchs aber blieb dann stille auf den hintern Füßen und rieb sich mit den Vorderpfoten die Nase. Erzürnt ging der Vater in den Stall, um noch einen geladenen Stutzer zu holen, den er auch parat hatte, und legt wieder an. Nun aber, statt zu fliehen, kam der Fuchs immer näher, so nahe, daß er dem Vater ins Ohr sagen konnte: „Ziele gut, mein Kaspar." Er= schrocken ließ der Vater das Gewehr fallen, denn er hatte die Stimme der Tante, die in einen Fuchs sich verwandelt hatte, erkannt. Nach diesem verschwand das Thier. Todtenblaß kam dann der Vater heim und legte sich zu Bette, und mit Mühe konnte ich die Ursache seines Schreckens erfahren. Er starb, obwohl der stärkste Mann weitumher, nach drei Tagen in Folge dieses Schreckens, den ihm die Tante eingejagt hatte. — Ja, glaube mein Sohn, die Tante war eine Hexe; denn, als du getauft wurdest, und dein Vater und ich, viele Verwandte und Freunde, Götti und Gotte zu einer Mahlzeit bei= sammen waren und Alle freudig am Tische saßen mit unsern Gläsern Wein, kam auch die Tante mit majestätischen Schritten herein. Als sie eben unter die Thüre trat, fingen alle Gläser an zu tanzen, ohne daß ein Tropfen Wein verschüttet wurde, und tanzten fort, bis die Tante ihre Hand über den Tisch streckte; erst dann wurden sie ruhig.

Der Jäger in Nöthen.

Ein Jäger J. M. von Klosters hatte die Gewohnheit, im Gespräche häufig den Ausspruch: „J! daß dich die Heren ritten!" zu gebrauchen. Einmal war er auf dem Fuchsstande; da kam ein Fuchs in Schußweite, den er schoß, gleich darauf ein zweiter, den er auch schoß, und so ging es fort, bis er kein Pulver mehr hatte, aber desto mehr Füchse, so daß er kaum im Stande war, alle heimzutragen. Er band ihnen jägergemäß die Hinterfüße zusammen und hängte sie an das Gewehr. — Es däuchte dem guten Jäger, daß die Füchse, die er heimzutragen bekommen, immer schwerer und schwerer würden, und doch wollte er keinen derselben zurück lassen. — Als er sich dem Hause näherte, sprang einer mit den Worten: „J! baß dich die Heren ritten!" vom Gewehre herab und lief davon. — So machten es alle Füchse hintereinander, immer das Gleiche wiederholend, und so ging es fort, bis daß der letzte ihm auf den Buckel sprang und mit dem gleichen Ausrufe ihn tüchtig in die Ohren biß, dann herabsprang und auch verschwand.

Die verhexte Dame.

Ein Bursche von Klosters ging eines Morgens vor Tag in die Alp; da traf er unterwegs, auf dem Pardenner-Böbeli hinter Klosters, einen an einer Tanne angebundenen Fuchs, den er von seiner Haft befreite. — Nach Jahr und Tag ging dieser Bursche in niederländische Militärdienste. — Eines Morgens wurde er in der großen Stadt, in der er diente, in ein Haus berufen, wo man ihn in ein prachtvolles, reich möblirtes Zimmer führte und sehr gut bewirthete. Das Alles geschah auf Geheiß einer hochgestellten Dame, die sich mit ihm freundlich unterhielt und ihn fragte, ob er sie nicht kenne. Als er solches verneinte, fragte sie ihn weiter, ob er denn jenes Fuchses auf dem Pardenner-Boden sich nicht mehr erinnere. Der sei sie gewesen. Der böse Geist habe sie nämlich zu guter Letzt wegen Verspätung zum Herentanze angebunden, um sie zu peitschen. So sei sie dann aber durch ihn (den Burschen) der Haft entlassen worden und der Strafe entgangen.

Die Hexe in der verbrannten Juppe.

Eine Hausfrau in Montbiel hatte eine Schaar Hennen, die täglich Eier legten und ihr dadurch große Freude machten. Auf einmal geschah es aber, daß die Hausmutter keines einzigen Eies mehr ansichtig werden konnte, und doch mußten sie schön gelegt haben, weil sie täglich „gatzgeten." In bitterm Verdrusse ergriff dann einmal die gute Frau eine Henne, die eben „gatzgete," und warf sie in den Ofen hinein. Kaum hatte sie das gethan, so stand „a Wîbli in 'r'a verbrennta Juppa" neben ihr in der Küche, das sich dann eilig davon machte. — Das Wîbli war eine Hexe, und von der Zeit an haben die Hennen der Frau nicht mehr „verlegt."

Die Hexe bei Strahlegg.

Am Mitternacht ging ein Bursche aus Jenatz nach Strahlegg „z'hengert." Oberhalb dem Schlosse steht ein Heustall, wo der Bursche noch vorbeigehen mußte, um an Ort und Stelle seines Wanderzieles zu gelangen. Er hörte eine Stimme, die ihn lockend auf den Heuboden rief. Er begab sich dorthin, fand und sah aber nichts, und doch erscholl bald aus dieser, bald aus jener Ecke ein helles Gelächter, worauf er endlich voll Zorn mit seinem Stocke in eine Ecke schlug, wo er die Hexe vermuthete; aber gleich darauf ertönte das Gelächter aus einer andern Ecke. Lange Zeit schlug er so herum, bis ihm der Gedanke kam, mit dem Stocke in eine Ecke zu schlagen, wo er das Gespenst nicht zu treffen glaubte. Wirklich traf er dasselbe, das dann einen lauten Schrei vernehmen ließ, und gleich darauf trat eine Jungfrau vor ihn mit erhobener Hand, drohend zu ihm sprechend: „Hättest du mich in Zeit von einer Stunde nicht getroffen, hätte ich dich in tausend Stücke zerrissen."

Die Hexe zu Fetan.

Einige Burschen, die in der Mitternachtsstunde von Klein-Fetan nach Groß-Fetan sich begaben, sahen, vom Mondschein begünstigt, auf einer Wiese an der Straße einen menschlichen Körper am Boden liegen. Sie gingen hin, wendeten den Körper um, denn dessen Gesicht war der Erde zugewandt, erkannten sogleich ein armes, altes Weib aus Klein=Fetan und hielten die Arme für todt. Darauf trugen sie sie in ein nahestehendes Haus, legten sie in ein Zimmer, machten schnell Licht und sahen sich, ganz betroffen über diesen Fund, gegenseitig stillschweigend an, als sie in der Stube eine herumfliegende Biene gewahrten, die der Leiche sich näherte, und endlich in den offenen Mund derselben schlüpfte. Kaum war das Insekt verschwunden, schlossen sich die bleichen Lippen, und die gute Alte richtete sich auf, blickte erstaunt umher und mahnte die verdutzten Jünglinge, künftig= hin ihren Körper in Ruhe zu lassen, wenn sie sie wieder einmal irgendwo liegend fänden, damit die Biene zu ihr gelangen könne, das sei ihre Seele.

Kennzeichen, ob Eine eine Hexe sei, oder nicht.

Hat ein Mann eine Hexe zur Frau, so bemerkt er dies daran, daß aus dem Munde derselben zu Zeiten eine Wespe oder eine Biene fliegt, nach einer Zeit aber wieder durch den Mund in den Körper zurückkehrt. Das ist ihr Geist, der in dieser Gestalt zu nächtlicher Gesellschaft auszieht; der Körper befindet sich der Zeit in einem lethargischen Zustande. Daran erkannte auch Einer in Fanas, daß seine Frau eine Hexe sei. Er machte, nachdem die Wespe ausgeflogen war, das Fensterlädeli zu und sperrte so den Geist der Frau aus, der, am Morgen wiederkehrend, Einlaß verlangte. Der ergrimmte Eheherr hielt das Lädeli fest zu; der Geist verschwand endlich unter gräßlichem Gesumme, und — am Morgen war die verhexte Frau halt todt.

Die Hexenfahrt.

Ein Mädchen diente als Magd bei einem Bauern zu Fanas und bemerkte, daß ihre Meisterin am Abende oft von Hause sich entfernte, und zwar auf eine unerklärliche Weise aus der Küche ver= schwindend. Einmal verbarg sich die Magd im Kellergange und beobachtete, wie die Hausfrau leise in die Küche schlich, aus einem

„Schgäfflein" eine kleine Büchse hervorholte und diese letztere öffnete, wie sie dann eine rothe Salbe aus dem Büchslein nahm, davon an den Besenstiel strich, das Büchslein wieder schloß und schnell an Ort und Stelle legte, sich hurtig auf den Besenstiel setzte und mit den Worten: „Zum Chämi us und niena=n=å" durchs Kamin zum Dache hinausflog. Die Magd wartete und wartete, bis am Morgen vor Tag die Frau den gleichen Weg durchs Kamin herab wohl= behalten wieder anlangte, den Besen in den Winkel stellte und in ihre Kammer ging. — „Wenn bo nit öppis berhinder steckt, so weiß i nüt meh, das mueß i erbüüsla," dachte die Magd und begab sich nun auch zur Ruhe. — In einer Nacht, wo die Frau unwohl war und die Magd freie Hand hatte, holte auch sie das Büchslein her= vor, öffnete es, nahm von der Salbe und machte Alles akurat so, wie die Meisterin es gethan, außer daß sie rief: „Zum Chämi us und überall å," und so geschah es denn auch; sie flog zwar auch durch den Kamin, aber überall an, so daß sie die Wände des= selben überall rein fegte. Der Besen führte sie auf den Herentanz auf Sträla. Gegen Tagesanbruch stob dann Alles wieder aus= einander, und auch sie ritt wieder heim durchs Kamin herab, aber „überall å." — Eine gute Zeit war sie dann unwohl und gestand der Meisterin ihre Neugierde. Diese befragte sie weiters, worauf die Magd erzählte, wie es sonst so schön gewesen sei auf Sträla, nur das Kaminfliegen habe ihr nicht gut gethan. — Von nun an theilten sich Frau und Magd schwesterlich in den Gebrauch der Salbe im Büchslein.

Wie man die Hexen vor andern Leuten erkennt.

Hat Einer ein Ei im Sack, das eine schwarze Henne am Char= freitag Morgens gelegt hat, so kann er erkennen, welche Weiber in der Gemeinde Hexen sind: Am Charfreitag nämlich müssen alle Hexen in die Kirche gehen, und da sieht er dann mehr als andere Leute; ihm (wenn er dieses Ei bei sich in der Tasche hat) erscheinen die Hexen, als ob sie verkehrt in den Bänken säßen. Diese halten Alle die Hände auf dem Schooße gefaltet, drehen aber immer die

Daumen übereinander und murmeln leise: „Wißa Faba, schwarza Faba, wißa Faba, schwarza Faba."

Das geheimnißvolle Buch.

Ein Klosterser hatte ein geheimnißvolles Buch, mit Hülfe dessen er der schwarzen Kunst theilhaftig wurde. — Als er einmal in der Kirche war, geriethen Buben über dieses Buch und lasen die Zauberformeln. Im Nu flogen eine Schaar Raben und Elstern um das Haus herum und krächzten fürchterlich. Zu gleicher Zeit wurde es dem Manne während der Predigt ganz unheimlich zu Muthe, und, Unheil ahnend, eilte er aus der Kirche weg, heim. — Er kam noch zu rechter Zeit, großes Unglück zu verhüten, jagte die bösen Buben fort, las die verhängnißvolle Stelle im Buche, so weit die Buben sie gelesen, wieder rückwärts, und das unheilbringende Geflügel suchte das Weite.

Rache einer Hexe.

In Ems lebte vor alten Zeiten ein Bauer; man nannte ihn den „Gschworne Christof". Der hatte eine Magd, die war aus dem Oberlande. Zur Zeit der Heuernte ging er nun auf sein Mayensäß, um das Futter einzusammeln, hatte aber schlecht Wetter dazu, so daß er wohl mähen, aber das Gemähte nicht dörren konnte. Endlich, nachdem er alles Gras abgemäht hatte, wurde das Wetter erwünscht schön; aber nun fehlten ihm fleißige Hände, denn mit seiner Arbeit allein war wenig am Ganzen gethan. Zwar war noch die Magd da — aber die lachte ihn weiblich aus und spottete seiner Bekümmerniß, „sie sei im Stande, das Heu sammt und sonders in einer Stunde an Ort und Stelle zu schaffen." Dieses kam jedoch unserm guten Christof etwas seltsam und zu buntfarbig vor und gab gerne seinen Consens, sie könne also machen, wie sie wolle. Es gelüstete ihn aber heimlich zu sehen, wie das „Mensch" die Sache anpacke, und er verbarg sich, durch eine Wandritze lugend. — Nun kam die Magd wirklich, mit einem Besen, that in allen vier Winkeln des Mayensäßes einen Wisch oder Strich, indem sie zu=

gleich einen Spruch hersagte. Kaum war das geschehen, so flog das Heu in die Scheune hinein und vertheilte sich ganz ordnungsgemäß von selbst; dann kam die Magd, that mit dem Besen einen Streich auf das Heu und rief: „Sitz" — und siehe da, das folgsame Gefütter rückte ganz nett auf Zweidrittel zusammen. — Den guten „Gschwornen" setzte das, was er gesehen, in Entsetzen und Erstaunen, er war aber so dumm und undankbar, die Magd bei dem Gericht zu verklagen; das Gericht ließ nun das „Herenmensch" verhaften, nach dem Oberland führen, wo sie als Here verbrannt wurde. Bevor sie aber den Feuertod erlitt, übte sie noch ihre Rache aus: Der Geschworne solle erblinden, weil er ihr heimlich zugesehen, noch mehr aber deßhalb, weil er sie verrathen, seine Söhne aber sollen stumm werden und bleiben, weil sie geholfen, sie zu verurtheilen.

Das verhexte Vieh.

Vor vielen Jahren lebte in Ruis im Oberlande ein Schuster, der eine halbe Stunde vom Dorfe entfernt ein Gütlein, „Sereins" genannt, besaß, von dem er zwei Kühe ernähren konnte. Als dieser nun eines Winters auf dem Gute fütterte und an einem schönen Morgen dahin ging, fand er im Stalle eine fremde Kuh mit einer seiner beiden Kühe in einer Kette beisammen. Er suchte lange Zeit sie zu lösen, doch vergebens. Da nahm er vor Zorn einen Bundhaken und schlug die fremde Kuh so, daß sie umfiel. Nun wurde aber dem armen Pechvogel Angst, und er rannte zum Stall hinaus, kam aber bald wieder in denselben zurück; aber siehe, die fremde Kuh war nicht mehr da; sie war verschwunden und blieb verschwunden. — Nicht länger als eine halbe Stunde ging es, so kam sein Bube zu ihm und berichtete ihm die Mähre, die alte „Villa", die in einem schlechten Häuschen am Ende des Dörfchens wohnte, sei, man wisse nicht wie und von wem, so an den Kopf geschlagen worden, daß sie eben daran gestorben sei. Nun wußte der gute Schuster, wie er dran war mit der fremden Kuh, schwieg aber mäuschenstill davon viele Jahre lang.

Die Hexe im Loris=Boden.

Nicht weit vom Mayerhof in Oberfaxen ist eine Wiesengegend, der "Lorisboden" genannt, auf dem mehrere Ställe stehen, in deren einem schon seit Jahrhunderten eine Hexe sich aufhält. Diese Hexe beginnt ihr Treiben bei Anbruch der Nacht, und erscheint in Gestalt einer Katze mit großen, feurigen Augen. Furchtbar klopft sie an allen Wänden des Stalles, rasselt mit den Kuhketten und jagt das Vieh in eine solche Angst, daß es nicht fressen mag, und das zu Zeiten, wenn man sie am wenigsten zu fürchten glaubt. Manchmal reißt sie auch ganze Stücke aus der Wand, daß es fürchterlich kracht, — doch am Morgen drauf ist die Wand wieder ganz und Alles ruhig. Weithin wird ihr Toben vernommen, und höchst ungerne geht Jemand bei diesem Stalle vorbei. Auch hat sich diese Katze mehrmals in den Halsring einer Kuh so eingezwängt, daß die Kuh zu ersticken drohte; kam aber der Bauer hinzu, dem der Stall gehörte, husch war sie fort und nicht mehr zu sehen. Der Bauer paßte ihr etliche Mal auf, erwischte sie aber nie, bis einmal, als sie vom übermäßigen Rumoren und Toben müde war, und sich wieder in die Halskette einer Kuh legte. Ihre Mattigkeit ließ sie aber den im Verstecke lauernden Bauern nicht gewahren. Dieser kam nun leise heran und schlug der Hexe den Unterkiefer mit einem Handbeile weg; sie ließ einen leisen Schrei, taumelte aber nicht lange und ward schnell unsichtbar. — Am andern Tage, als der Mann in den Mayerhof ging, vernahm er das Unglück, das über ein altes Weib gekommen, das in seiner Nähe wohnte, aber von Niemand gerne gesehen war; die sei, sagte man ihm, gestern von unbekannter Hand so arg geschlagen worden, und am gleichen Tage gestorben. Seit dieser Zeit hatte aber der Bauer auch Ruhe vor der wilden Katze auf Lorisboden.

Das Lichtensteiner=Bödeli.

Ein Halbensteiner stand in holländischen Diensten einmal auf der Wacht, und da kam ihn auch die Sehnsucht nach der lieben Heimat mächtig an. Er wurde abgelöst und ging nach der Kaserne.

Am Morgen drauf klagte er einer ihm befreundeten Frau sein Sehnen nach den Alpen und schilderte ihr sein Heimatdorf. Lächelnd hörte sie ihn an und erwiederte: „Halbenstein kenne ich so gut wie Du, denn noch „nächtig" haben wir auf Lichtenstein getanzt, und heute Nacht gehen wir wieder hin."

Der Soldat sah sie groß an. „Wenn Du mit willst, kannst mit; wir holen dich ab." Da er diese Nacht wachefrei war, nahm er den Vorschlag an.

Richtig, gegen die Zwölfe kam die Frau mit einer Kamerädin, und die brachten eine Wanne mit. „S'isch Zit," sagte die Eine. — Er ließ sich die Augen verbinden und setzte sich, wie ihm geheißen war, in die Wanne; die zwei Weiber nahmen die Wanne auf, und — fort gings — durch alle Lüfte — direkt Lichtenstein zu.

Da, wo das Schloß Lichtenstein steht, wurde er abgesetzt, und von dort aus konnte er die ganze Nacht zusehen, wie eine Schaar Heren auf dem grünen Platze unter ihm so wunderbar tanzten und wie die Musik so schön spielte. — Aber er durfte die ganze Nacht kein Sterbenswörtlein von sich geben. — Gegen Morgen kamen die zwei Heren mit der Wanne wieder und holten ihn ab. „S'isch Zit" — und fort — gings wieder — Holland zu.

Auf diese Weise machte er öfters die Reise von Holland nach Lichtenstein und wieder nach Holland zurück.

Die weiße Kunst.

Im Münsterthale waren die Leute im besten Heuen. Weit und breit war kein Wölklein zu sehen, das Regen bedeutet hätte, und mit Eifer wurde das prächtige Wetter benutzt. — Schon lag das Heu in Haufen zum Aufladen bereit. Da kam auf einmal eine schneeweiße Wolke dahergefahren, ließ sich über dem Heu zu Boden, und aus der Wolke entstand ein Wirbelwind, der das Heu in alle Gegenden weit umher zerstreute.

Die guten Leute konnten sich das nicht erklären, bis ein Tyroler, der beim Bauer, welchem das Heu gehörte, im Sommerdienst stand und um dergleichen Ereignisse wußte, ausrief: „Die sollen nochmal fimme." Den ganzen Nachmittag hatte man nun zu thun, das verzettete Heu wieder in Haufen zu bringen; aber kaum waren die Heuer damit fertig, kam die weiße Wolke zum andern Male und ließ sich auf das Heu nieder; da nahm der Tyroler seinen „Schnätz" aus dem Seitentäschlein und warf ihn kunstgerecht, grab, wie er ein „Passauer" wär', in die Wolke, die auf dieses hin rasch sich hob und das Heu fürder in Ruhe ließ.

Als nun der Tyroler seine Dienstzeit um hatte, zog er das Engadin hinauf und kam eines Tages zu einem Manne im Ober-Engadin. Den fragte er um Arbeit und trat in dessen Haus. — In der Stube gewahrte er in der Diele seinen „Schnätz" stecken. Da dachte er: „Du schweigst, aber Fragen ist erlaubt."

Im Gespräche kam er auf den Schnätz, der dort in der Diele steckte. „Der ist meiner Frau in den Leib geworfen worden von einem so verdammten Schwarzkünstler. Sie ist im Sommer ins Münsterthal gegangen, um die „weiße Kunst" zu lernen und kam heim und hatte den Schnätz im Leibe. Aber der, welcher ihn sucht und ihn „heimschen" will, für den habe ich auch „Etwas" und zeigte dem Tyroler im „Buffet" eine geladene Pistole, „es ist gut, daß er nicht Euch gehört."

Der Tyroler ließ auf diese Erklärung hin Schnätz Schnätz sein.

Die entdeckte Hexe.

Ein Knabe auf Oberfaren pflegte alle Tage sein Mädchen zu besuchen, den Donnerstag ausgenommen, an welchem Abend die Dirne seinen Besuch sich verbeten hatte. Die Neugierde plagte aber den Jüngling und ließ ihm weder Ruh' noch Rast, bis er hinter das Geheimniß kam. Durch eine Ritze der geschlossenen Fensterladen beobachtete er am verhängnißvollen Donnerstag Abend seinen „Schatz" und sah denselben in der Küche emsig spinnend, auf der Bank sitzen. So wie sie die Spuhle voll hatte, stand sie auf, bestrich mit einer Salbe einen Besenstiel, murmelte einige unverständliche Worte und fuhr plötzlich durch den Rauchfang dem nächsten Hügel zu, wo viele andere Hexen ihrer warteten. — Von diesem Augenblicke an wollte er mit seiner Holden nichts mehr zu schaffen haben.

Der Hexenmeister.

Vom alten „Zigeuner" erzählt man im Oberlande, er habe sich nach Belieben in einen Wolf oder in einen Bären verwandeln können. Einmal legte er, da eine Gesellschaft in Rabius ihn als Musikant gebungen hatte, seine Geige auf den Tisch, wo diese, ohne daß er sie berührte, von selbst weiterspielte. Während dieses unheimlichen Spieles erschienen aber so schreckliche Gestalten in der Tanzstube (stiva bialla), daß die Tanzenden erschreckt davon liefen. —
Eine Frau in Trons gab diesem alten Zigeuner einst ein Stück Speck, mit welchem er auf den Heuboden ging, wo er mitten auf einem Strohhaufen, zum großen Schrecken der guten Frau, ein Feuer machte und seinen Speck kochte; als nun der weich war, erlöschte das Feuer von selbst, und von Asche war keine Spur zurückgeblieben. — Der verstand mehr als Brobessen!

Die bestrafte Hexe.

Es gingen zwei Jäger in den Wald und schossen einen mächtigen Fuchs, an dem sie Beide genug heimwärts zu schleppen hatten. Ihre Beute wurde aber immer schwerer und schwerer, und endlich mußten sie dieselbe fallen lassen, die rollend in den Abgrund stürzte. — Als die beiden Jäger leer nach Hause zurückgekehrt, fand der Eine seine Ehehälfte todt in der Stube liegen; eine Kugel hatte ihre Brust durchbohrt, und diese Kugel erkannte er als die seine. Die Frau war eine Hexe gewesen, hatte sich in einen Fuchs verwandelt und den Tod aus ihres Mannes Hand erhalten.

Der Zauberritt.

Ein Oberländer stand als Schildwache vor dem königlichen Schlosse zu Paris. Er ging auf und ab und dachte an die Seinigen zu Hause und an das heimathliche Kirchweihfest (perdonanza), das an eben diesem Tage gefeiert wurde. Da kam ein altes Weib des Weges und fragte ihn, ob er nicht ein Weilchen daheim sein möchte?

Er bejahte die Antwort, worauf das Weib ihm rieth, auf das erste beste Schwein sich zu setzen, das ihm begegnen werde. Der gute Mann that wie ihm gerathen wurde, und befand sich im Umsehen in seinem Heimathsdorfe, wo er eine gute Zeit aß, trank und tanzte, dann aber auf die Uhr sehend, seinem Reitpferd gebot, ihn wieder nach Paris zurück zu bringen, wo er eben recht zur Ablösung kam.

Der Hexentanz zu Fetan.

Einst waren in Fetan zwei Mädchen, unzertrennliche Freundinnen. Die kamen eines Abends wieder zusammen, und die Eine, die eine Hexe war, erzählte der Andern, wie sie die vergangene Nacht in lustiger Gesellschaft es so schön gehabt und wacker getanzt habe. Die andere, auch ein quecksilbernes Ding, begehrte zu wissen, wann wieder der Tanz abgehalten werde, und ob sie auch mit dürfe. „Jawohl, aber Niemand darf's wissen."

Am bestimmten Abende kam nun die Hexe, um die andere abzuholen, nahm diese mit sich fort und führte sie in ihre Küche. Dort hieß sie sie das nachmachen, was sie ihr vormache. Sie nahm ein schwarzes Pulver, rieb sich damit die Hände; die andre machte es auch so. Dann nahm die Hexe einen Stecken, gab auch der Gespielin einen solchen, und wies sie an, wie sie sich darauf zu setzen habe. — Auf einmal erhoben sich die Stöcke und mit ihnen die Mädchen in die Höhe, durch's Kamin, und flogen durch die Luft, bis sie sich plötzlich in einem prachtvollen, vergoldeten Saale befanden.

Dort waren viele weißgekleidete Herren und Damen, die fröhlich nach der Musik tanzten. Das war die Hexengesellschaft, die in diesem schönen Saale zum Tanze sich versammelt hatte. Die Hexe fing gleich an zu tanzen; die andere wagte es nicht, schaute aber zu. —

Bei Tagesanbruch verschwand die ganze Gesellschaft, nur sie blieb zurück; sie konnte ihren Stecken nicht mehr finden, mußte also bleiben, wo sie war. Aus dem schönen Saal war ein steiler, nackter Felsen geworden, auf dem sie allein stand. Vergebens schrie sie nach Hülfe; Niemand hörte sie, denn der Felsen stand in einer schrecklichen Einöde, in die gar selten ein Mensch sich wagte oder verirrte. Endlich nach zehn Tagen wurde sie von einem Jäger gesehen und gerettet. — Sie erzählte nun die ganze Geschichte, gab auch ihre Verführerin an, welche dann als Hexe verbrannt wurde.

Das Hexenwerk auf Oberſaxen.

An einem prachtvollen Morgen trieb der Hirte wie gewohnt seine Thiere aus; aber an dieſem Morgen war es ihm ganz ſonderbar zu Muthe. Er mochte nicht blaſen wie ſonſt, zudem hatte er eine Ahnung, als müßte heute ein großes Unglück über die Landſchaft kommen.

So trieb er aus, bis er, ganz müde und verſtimmt, auf einen Bühel ſich ſetzte und „Holzböcke ſchnitzte", d. h. ſtaunte und ſtaunte, und endlich einſchlief vor lauter Staunen.

Es war längſt Mittag und er ſchlief noch auf dem Hügel, und während er ſchlief, überzog eine kohlſchwarze Wolke das blaue Himmelsgewölbe. Im Schlafe hörte er eine wunderſchöne Muſik, die ihn nach und nach wach rief. Er wollte weiter gehen und seine Heerde ſuchen, aber er konnte nicht fort, die Muſik war zu ſchön. Ein Mann, der auf einer nahen Felskuppe ſaß, ſpielte ſo ſchön auf, und durch die Luft kamen viele Geſtalten geflogen, die ließen ſich auf einem grünen Platz zu Boden, fingen auch gleich an zu tanzen.

Der Hirte konnte von Allen Niemanden erkennen, außer ſeine „Gotte", die Andern waren Fremde.

So tanzten die Geſtalten und tönte gar ſchön die Muſik dazu, bis der Tanz zu einem lärmenden Wirbel wurde, und ein entsetzliches Getöſe daraus erfolgte, als ob ein heftiger Zank entſtanden wäre.

Auf einmal brach ein gewaltiges Gewitter los, es blitzte ſchrecklich, es donnerte furchtbar, der Erdboden zitterte, alle Elemente ſchienen entfeſſelt zu ſein. Eine dunkle Wolke verhüllte das tolle Schauſpiel der geſpenſtigen Geſtalten. Schauder und Entſetzen ergriffen den Hirten und in Eile rannte er heim, vergaß aber Hut und Rock mitzunehmen.

Daheim wurde er wegen seines zerstörten Aussehens befragt, konnte aber kein Sterbenswörtlein hervorbringen, und kaum war er im Hause, so fing es auch da an zu blitzen, zu donnern und fürchterlich zu hageln.

Dieses schreckliche Ungewitter, von dem alte Leute in Oberfaxen noch genug zu erzählen wissen, dauerte fast eine ganze Stunde. Viele Stücke Vieh fand man in Abgründen zerschellt und die Saatfelder sahen aus wie Schlachtfelder. —

Erst nach dem Gewitter konnte der Hirte wieder reden, und da erzählte er, was ihm begegnet; und die Gotte, die sonst immer daheim war, war richtig nicht daheim. Endlich kam sie, aber sie sah „knutschblau" geschlagen aus.

Nach einer Weile wollte der Hirte Hut und Rock holen, die er in der Eile vergessen hatte, aber die waren ganz zersetzt und zu „Krümmeli" zerhackt.

Und seit diesem Tage an wird jener Hügel, auf dem der Hirte geschlafen, der „Schlafbühel" genannt.

Acht Tage nach diesem schrecklichen Hagelwetter fand man auf der Schattenseite der Kirche im „M a y e r h o f e" noch große Hagelsteine, in welchen Haare gewesen sein sollen. — Noch heutzutage, wenn zufälligerweise ein Haar an einem Hagelsteine klebt, sagt man, „die Hexen haben sich beim Tanzen gebalgt".

Die Bauersfrau als Hexe.

Ein Bauer zu Trons, der das mitten im Walde liegende Mayensäß, „la C a v r i b a" genannt, besaß, ließ das Vieh dort durch einen Knecht besorgen, der ging zu diesem Zwecke jeden Abend hin und kam jeden Morgen wieder heim ins Dorf.

Nun kam dieser Knecht eines Morgens nicht mehr zurück, weßhalb der Bauer einen zweiten hinauf sandte, zu schauen, wo er geblieben sei, ob vielleicht ihm etwas fehle. Der zweite kam auch nicht zurück und so wurde dem Bauer die Sache unheimlich. Selbst hinauf zu gehen wagte er nicht, er war ein Hasenfuß, und lange Stunden vergingen, bis Jemand sich fand, der nach Cavriba sich wagen durfte, bis endlich am Abend ein alter Soldat durch schönes Geld bewogen wurde, den Weg zu machen, nachzusehen, wo die zwei Knechte seien, und droben das Vieh zu besorgen; aber einen Sabel nahm er doch mit, das ist Soldatenbrauch.

Er kam also nach Cavriba, suchte die zwei Vermißten, die er im Stalle erwürgt fand, fütterte, melkte und tränkte am Abend das Vieh. Wie er aber noch einen Wisch Heu holen wollte, sprang aus der „Fenile" eine riesige schwarze Katze gerade auf ihn zu, kletterte an an ihm herauf, der Gurgel zu. Es war ihr aber nicht bekannt, daß ein Soldat den Säbel immer bei sich tragen muß.

Der Sohn des Vaterlandes zog nun, als er so unvermuthet sich gewürgt sah, so gut es in der Bestürzung ging, die Waffe, erwischte die Schwarze bei einer Hinterpfote, und es gelang ihm, diese zwar nicht abzuschlagen, doch arg zu beschädigen, und siehe da, handkehrum war das Ungethüm nicht mehr zu sehen, auch nirgends zu finden. Von da an blieb er ungeschoren.

Wie am Abend, so verrichtete er auch am Morgen sein Geschäft, und kehrte nach dem Dorfe zurück. Zu Hause erzählte er das Erlebte, und vernahm dagegen, daß inzwischen die Hausfrau stark gefallen sei und den einen Fuß gebrochen habe.

Jetzt wußte der Soldat mehr als sein Meister, schwieg aber, der Frau zu lieb. Die warb ihm dadurch so gewogen, daß sie ihn im Alter mütterlich besorgte, und auch der Bauer war ihm dankbar, daß er ihm einen so großen Dienst erwiesen hatte, und ließ ihm derohalben manch gutes Bröcklein zukommen.

Die Hexe in Langwies.

In der „Bizirüti" bei Langwies stand früher ein Haus, in welchem ein Mann und eine Frau wohnte.

War der Mann durch seine Tugend und Leutseligkeit bei allen Nachbarn beliebt, hielt man die Frau dagegen für Eine, die mehr konnte, als Strümpfe „lismen", man hielt sie für eine Hexe. Das that dem Manne leid, daß man seine Ehewirthin für das hielt, wollte es aber nicht glauben, ohne davon überzeugt zu sein.

Nun geschah es, daß die Frau ein Kleines bekam und die Magd derweilen das Hauswesen besorgte. Zu der kam, als sie in der Küche der Frau das Abendessen bereitete, eine große, schwarze Katze, die sie gräßlich anglotzte, dann auf den Herd sprang und in die Pfanne guckte. Die Magd wollte die Katze vertreiben, aber die ging nicht, bis sie ihr Eins mit einem brennenden Scheite versetzte, und so das Ungethüm aus der Küche brachte, das nun schrecklich schreiend davon lief.

Als die Magd mit dem Essen in die Stube trat, sah sie das Gesicht der Frau ganz „beruost" und verbrannt, und fragte sie, warum sie so schwarz und bös aussehe? „Das geht dich nichts an", erwiderte die Frau. — Die Magd, welche bei der Frau nichts als schlechte Tage gehabt hatte, wußte nun, woran sie mit ihr war, und erklärte dem Hausherrn das neue Wunder; dem gingen nun endlich auch die Augen auf, und er beschloß, seine werthe Ehehälfte selbst auf die Probe zu stellen:

Eines Tages sagte der Mann zur Frau: „Bringe mir schnell die Sonntagskleider, denn ich will in die Welt hinaus, um das Herenwerk zu erlernen, und komme erst wieder heim, wenn ich es kann. Die Frau nahm das für Spaß und gab ihm keine Antwort. Der Mann entfernte sich von Hause, um sie wegen der Hererei beim Amte zu Langwies zu verklagen.

Nun rief die Frau ihn zurück und sagte ihm, daß sie ihn das Herenwerk lehren wolle, er brauche nicht weg. Damit war der Mann einverstanden.

Die Frau führte ihn in den Hof und sagte ihm, er solle ihr auf den Roßmist folgen und das nachsagen, was sie ihm vorsage.

Sie sprach hierauf die Worte: „J stan da ufam Roßmist und verleugna min Her Jesu Christ." — Der Mann sagte anders: „J stan da ufam Roßmist und weiß, daß du a Här bist."

Mit diesen Worten schlug er sie zu Boden, ließ sie liegen, verklagte sie als Here, und es ging nicht lange, so wurde sie verbrannt.

Der Fuchs von Fufun.

Am Eingange des Thales Lavinuoz, wo der Fluß gleichen Namens zwischen den hochemporragenden Felsen kaum einen Ausgang finden kam, um brausend mit dem Inn sich zu vereinen, findet sich eine große Höhle, welche den Raubthieren zur Zufluchtsstätte dient.

In dieser Höhle soll vor Zeiten auch ein Fuchs sein Lager aufgeschlagen haben, welcher nächtlicher Weile nach Lavin schlich, um dem Geflügel Besuch abzustatten.

Die guten Laviner, die ihre Hühner lieber selber verspeisen wollten, als sie dem Meister Pfiffitus zu gönnen, geriethen oft in Verzweiflung und konnten seiner nicht habhaft werden, obgleich er oft selbst am Tage höchst herausfordernd von Stall zu Stall spazirte, und bei seinem Raube ganz gemächlich verfuhr. Die Jäger im Dorfe legten vergebens auf ihn an, aber das Blei that ihm keinen Schaden und gelegte Fallen roch er von Weitem, warf auch zum Schabernack Holzstücke in dieselben, daß sie zuklappten. So ging's lange Zeit.

Endlich gab ein Montafuner, der pfiffiger als andere Menschenkinder und im Herenfangen besonders bewandert war, den Rath, die „Ledigen" sollen sich der Reihe nach aufstellen an einem Dorf-Ende, so müsse der Fuchs bei ihnen vorbei, und auf diese Weise könne man sehen, wo er seinen „Schluff" habe; das Tödten sei dann aber noch eine andere Sache.

Die „Ledigen" stellten sich richtig auf, aber am „letzen" Ende des Dorfes; der Fuchs kam nicht. Sie stellten sich wieder auf am andern Dorf-Ende; jetzt kam er, und nun wußte man wenigstens die Richtung, wo er hinzog. — Das nächste Mal verlängerten die Burschen die Kette noch mehr, und dießmal konnte man das Quartier des Hühnerliebhabers ausfindig machen.

Der Muthigste ging in die Höhle, bemerkte den Fuchs, der auf den Hinterbeinen stand, und wollte eben auf ihn schießen, als er keinen Fuchs mehr sah, wohl aber ein altes Weib in einer weißen Schürze, einer weißen Haube auf dem Kopfe und einem Stocke in der Hand.

Der Jäger erschrack über dieses Weib und flüchtete, die Andern ihm nach, und der Fuchs konnte seine Visiten ungestört fortsetzen. Alles war in großer Angst; man wußte sich nicht zu rathen und zu helfen; der Montafuner war inzwischen weiters gegangen und somit nicht mehr zu berathen.

Auf einmal blieb der Fuchs aus, und für immer verschwunden. — Aber vor jedem Unwetter soll man in der Höhle ein Winseln vernehmen, gleich dem Weinen eines kleinen Kindes.

Der Hexentanz auf Schuders.

In Schuders war einmal ein Knabe, den seine Eltern, geizige Leute, nie zur Gesellschaft junger Leute lassen wollten.

Er ging dennoch eines Abends heimlich ins Nachbarhaus, wo es lustig her ging. Man saß fröhlich bei einem Glase Wein, tanzte und war guter Dinge. Der Junge hatte seine Freude daran und wünschte, auch tanzen zu können. — Er verließ bald die Gesellschaft, denn er mußte gehen, um das Vieh zu füttern.

Während er so allein war, dachte er immer und immer wieder, wenn ich doch nur auch tanzen könnte; so sann er hin und her, wie er das erlernen könnte, ohne daß es „Spesen" machte, und sann nach, bis es Zeit war heimzukehren.

Eben war er im Begriffe, den Stall zu verlassen, so begegnete ihm unter der Thüre ein altes Männlein, das auf die Frage, wo es noch so spät hin wolle, sagte, daß es zu einem Tanze gehe, ob er auch mit wolle?

„Das wäre mir schon recht, wenn ich nur dürfte und auch selber tanzen könnte."

„Komm nur mit, ich will es dir zeigen", erwiderte der Fremde, „du sollst der beste Tänzer und Geiger werden weit und breit."

Der Bube nahm den Vorschlag freudig an, folgte dem Fremden und bald kamen sie zusammen an ein Dorngebüsch. Der Alte trat in dasselbe, der Junge folgte, und alsbald war kein Dorngebüsch mehr zu sehen, — nein, sie befanden sich plötzlich in einem prächtigen, hellerleuchteten Saale.

Der Knabe wollte seinen Begleiter fragen, wie das so gekommen sei; aber nun war auch derselbe nicht mehr zu sehen, weßhalb es dem guten Jungen anfing unheimlich zu werden im schönen Saale, und er wieder fort wollte; aber da war nun selbst von Ausgangs= thüre keine Spur mehr zu finden. — So blieb er, wohl oder übel, und dachte: „Machst also mit, „wenn b' glich nüt kannst", fing an, für sich zu hüpfen, als die schöne Musik wieder anfing.

Da kam eine kleine, geschmeidige Here auf ihn zugesprungen, die faßte ihn, und da mußte er mit und war auf einmal ein Muster= tänzer. — So tanzte er mit der geschwinden Here lange, lange, bis diese ihn zu einem Feuer führte, das großmächtig mitten im Saale brannte.

Dort nahm sie ein brennendes Scheit, gab es dem Jungen, löste einen Span von einem andern Scheite, gab ihm auch den; dann rupfte sie ein langes Haar aus dem Kopfe und reichte ihm auch das. „Jetz geige bu, der Andre ist müde." Der Junge setzte sein Scheit an; aus dem Span und dem Haare wurde der Geigenbogen; — er fing an zu spielen und spielte so schön und so gut, noch besser, als der Andre.

So gings eine lange Zeit, bis er vor Freude am Tanzen und Spielen umfiel und nicht mehr erwachte, als am hellen Morgen, da lag er in der Mitte des Dorngebüsches und konnte nicht heraus. Erst nach Langem gingen Leute vorbei, die ihn von den Dornen lösten. Er langte nach der Geige, die er in der Tasche hatte, um den Leuten Eins von seiner Kunst zu zeigen; — statt der Geige zog er einen — Katzenschwanz hervor. — Das verwirrte ihn so, daß er von Stund an zeitweise irrsinnig wurde.

Die Hexen auf Urden.

Es war in einem Herbste, als die Malaberser ihre Alpe unter= halb Urden wegen schlechtem Wetter früh verlassen hatten. Das „Molchen" (der Molken, Alpnutzen) konnte auf den darauf fol= genden Tag (Sonntag) nicht „z'Thal" geführt werden, weßhalb der Senn mit dem „Zu=Sennen" droben blieben, um am Montag die Ladung zu bewerkstelligen.

So blieben sie also am Sonntag Abend in der Alpe, hatten bereits das einfache Nachtessen verzehrt, auf die „Pritsche" sich gelegt und ein „Davoser=Pfifli" angefüllt, als auf einmal die lieblichen Töne einer Geige sich vernehmen ließen. Diese Töne kamen näher und näher, und lange ging es nicht, so klopfte es an der Thüre. Der Zu=Senn erwiderte: „nu ine", und Beide wunderten sich nicht wenig, als eine ganze Tanzgesellschaft herein kam, dem Geiger nach. „Isch erlaubt?" fragte Eins von der Gesellschaft; der Senn ant= worte: „Jo frili."

Und nun ging's an ein Tanzen, und die Beiden sahen zu, wie die Heren, denn es waren Alles solche, so schön tanzten, wie der Geiger, der der Teufel selber war, auf einer Geige ihnen vorspielte.

Das ging nun ganz ordentlich, bis der Senn näher aufschaute und bemerkte, daß der Musikant keine rechte Geige hatte, sondern ein Todtenbein war seine Geige und der Zopf von einem Weibe war der Geigenbogen. Auch konnte er, was er anfänglich nicht gesehen, unterscheiden, daß der eine Fuß des Musikanten ein Roßfuß war. Er zeigte das dem Zu=Sennen, worauf sie sich bekreuzten. Kaum hatten sie das gethan, verstummte die schöne Musik; Alles stürzte in größter Eile und mit furchtbarem Lärmen zur Hüttenthüre hinaus —

Am Morgen lag hoher Schnee auf der Alpe. Hätten sie aber die Gesellschaft austanzen lassen, wäre das Wetter gut geblieben.

Erklärungen.

Das wüthende Heer.

Von allen Gottheiten der alten Deutschen ist Wuotan der erste Gott, der Schöpfer, Geber und Lenker aller Dinge, und behauptete seine hehre Würde als solcher, bis mit der Ausbreitung des Christenthums die mehreren Gottheiten der Germanen ihr Ansehen und ihre Bedeutsamkeit verloren. Obgleich der Glaube an ihn sich erhielt, gab er seine Rolle als Regierer der himmlischen Mächte auf, und wurde dagegen Beherrscher der Hölle. Als höllischer Jäger führt er nunmehr das wilde Heer an. Er erscheint nicht mehr in seiner herrlichen Gestalt, mit goldenem Helme, schimmerndem Panzer, wuchtigem Speere. Der einst strahlende Gott, zum Höllenfürsten geworden, hat eine wilde, trotzige Gestalt angenommen und jagt nun als Anführer des wüthenden Heeres in rasender Eile durch die stürmische Nacht dahin, ein Schrecken jedem Landmann, der sich fromm bekreuzt vor den spuckhaften Unholden auf den flammenden Rossen.

Im Allgemeinen stellt man sich das wüthende Heer als eine böse Geisterschaar vor, welche hauptsächlich in den sog. zwölf heiligen Nächten (zwischen Weihnachten und dem Dreikönigstage) wie eine finstere Sturmwolke daher, dahin fährt, begleitet von einem furchtbaren Getöse, welches die meiste Aehnlichkeit mit dem Lärm eines ungeheuern Jagdzuges hat. — Voran geht der getreue Eckard, hinter ihm Wuotan auf weißem Rosse; dann kommt der schauerliche Haufe gespenstiger Gestalten in abentheuerlichen, scheußlichen Formen, die Einen zu Fuß einherschreitend, Andre auf zweibeinigen Rossen reitend, Andre auf Räder gebunden, die von selbst laufen, wieder Andre kopflos daher stürzend, oder ihre Beine auf den Achseln tragend. Mit Raben, Nachteulen, Wölfen, Schweinen ist der groteske Zug reichlich ausgestattet, der unter Saus und Braus, Jagdgeschrei und infernalischem Getöse über Auen, Sümpfe, dichte Wälder, wie über Städte hinweg, ihrem Anführer mit dem breitkrämpigen Hute und rückwärts rauschendem Mantel nachstürzt.

Im Nu ist der geisterhafte Spuck, gleich einem Schattengewölke, verschwunden. —

Woban hält seinen gespenstigen Umzug meist bei Nacht, und nur ausnahmsweise bei Tag, und von ihm hat der Zug, den er anführt, den Namen Wuotans=Heer, und von der rasenden Eile und dem ungestümen Gebahren die nähere Bezeichnung das wüthende Heer erhalten.

Das Nachtvolk oder die Nachtschaar.

Das Nachtvolk oder die Nachtschaar zeigt sich, wie der Name bezeichnet, nur bei Nacht, immer in Schaaren.

Es liebt bestimmte Wege und Stege, über welche es zieht. Gerne fährt es durch Kreuzgassen, Grat= und Kreuz=Tobel; aber auch einzelne unbewohnte Häuser und verlassene Alphütten sind seine beliebten Tummelplätze. Findet es sogar vier im Quadrate stehende Häuser, so fährt es nächtlicher Weile mit großer Vorliebe kreuz und quer zwischen denselben hin und her. — Auch ein Haus mit Vorder= und Hinterthüre ist das Augenmerk der Nachtschaar. Der Bewohner dieses Hauses muß beide Thüren des Nachts offen lassen, damit das Nachtvolk durchziehen kann; riegelt er aus Versehen eine derselben, machen die späten Gäste einen solchen Lärm, daß er gerne aufsteht, um den Paß zu öffnen. —

Durchgängig benimmt sich das Nachtvolk weit gesitteter, als das wüthende Heer. Es kommt und verschwindet mit Geräusch und Gesumme; oft sogar mit herrlicher Musik, je nach Bedeutung seiner Wanderung. Soll sein Kommen ein gutes Jahr anzeigen, bringt es Musik mit, steht aber Krieg oder Krankheit bevor, muß es tosend und lärmend sich zeigen.

Wuotan hat beim Nachtvolke nichts zu schaffen, er bleibt seinem wüthenden Heere getreu. Es ist Eckard, der auch hier den Führer macht. Er eilt dem Zuge voraus, in der Hand einen weißen Stab, und räth Jedem, dem das Nachtvolk begegnet, rechts auszustellen und das rechte Strumpfband zu lüften. — Der Letzte im Nachtvolke führt ein Beil bei sich, womit er Jedem, der nicht rechts ausstellt, in's Knie schlägt.

Das Nachtvolk braust nur einen Schuh über dem Erdboden einher. Legt sich dann Einer, der ihm nicht mehr ausweichen konnte, auf den Boden und spreizt die Arme, so fährt das Nachtvolk über ihn hinweg, und ihm geschieht kein Leid; ein ungeheurer Luftzug ist es einzig, was ihn belästigt.

Die Sagen vom wüthenden Heere, vom Nachtvolke finden wir im Prätigau, in Schanfigg, auf Davos, im Oberlande, namentlich auf Obersaren.

Varianten der Sagen vom Nachtvolke in der Jeninser=Alp,
auf Oberſaren finden wir in Vorarlberger Sagen (vide Vonbun).

In der Sage vom **entführten Sennen** ſpielt das Nachtvolk als
Windsbraut, in der Wanderung nach Einſiedeln finden wir Eckard
den Führer allein.

Oft ſind ſowohl beim wüthenden Heere, als auch beim Nachtvolke zwei
Züge, ein männlicher und ein weiblicher, die bald vereint, bald getrennt,
die Gegend durchſtreifen. Wie Wuotan beim wüthenden Heere und Eckard
beim Nachtvolke die Führer ſind, leiten Frau Holba und Berchta, die milden,
freundlichen Göttinnen, auf einem mit zwei Katzen beſpannten Wagen daher
fahrend, den weiblichen Zug; ſeltſame Geſtalten folgen auch hier der Füh=
rerin, es ſind aber lauter Frauen und Kinder.

Ihr Umzug iſt das Zeichen eines guten künftigen Jahres; bleiben ſie
aber aus, iſt's ein Zeichen ihrer Ungunſt, ihres Mißfallens und ſicherlich ſieht
man dann einem böſen Jahre entgegen. — Hat das Nachtvolk Muſik mit=
gebracht, und wird es von Holba's oder Berchta's Zug begleitet, ſo freut
ſich der Gläubige einer geſegneten Zukunft.

Das Todtenvolk.

Verwandt mit dem Nachtvolke iſt das Todtenvolk, von dem noch
in mehreren Thälern Bündens erzählt wird.

Es ſoll Einem Nachts um die Zwölfe ein großer Leichenzug begegnen,
voran die Träger mit dem Sarge. — Der Trauerzug beginnt bei dem
Hauſe der Perſon, die bald ſterben wird, und führt bis auf den Kirchhof,
und dieſes nächtliche Leichengefolge iſt das Todtenvolk.

Zuweilen begegnet man dem Todtenvolke auch abſeits von Häuſern,
auf der Weite, und am Ende des Zuges ſieht man abgeſondert und ganz
allein in zweifarbigem Kleide eine noch lebende Perſon einhergehen,
die zuerſt im nächſten Orte ſterben muß.

Sagen vom Todtenvolk gehen vorzugsweiſe in den ehemaligen X Gerichten.

Der Sage vom **ſchweren Kinde** ſteht die ſchöne, poetiſche Bearbeitung
unſers Bündneriſchen Sagendichters A. Flugi zur Seite, — dieſe Sage geht
auch am Harz. — Einen Korn=Engel, theils ſegnend, theils verderben=
bringend, kennt Thüringen, ein Korn=Kind England; Kirnbaby iſt
dort die letzte Garbe oder die daraus gefertigte Puppe. —

Auch das Churer „schwere Kind" ist eine Personifikation des Sommer=
segens oder der schönen Jahreszeit in ihrer Fülle und Fruchtbarkeit, ihrem
Lichte und Leben; die Sagen von dem Kornkinde sind nur Varianten
des großen Jahresmythus, der in allen Mythologien auftritt, und das
Kommen und Schwinden des Sommers und seiner Gaben
zum Gegenstande hat.

Holda-Berchta.

Von den Göttinnen Holba (Hulba, Holla) und Berchta (Perchta)
haben in Bünden noch einige Spuren sich erhalten. Wir haben beide
mütterliche Göttinnen schon in den Zügen Wuotans und dem Nachtvolke
gesehen und begegnen ihnen wieder in den Sagen und Märchen von der
„weißen Frau".

Was in Schwaben, in der Schweiz und andern Gegenden Frau Berchta,
ist in andern deutschen Gauen Frau Holba. Der einzige Unterschied ist der,
daß Frau Holba allein als Quellen=Frau vorkommt; sie wohnt im See,
im Teiche, im Kinderbrunnen, auch im Venusberge, und verlockt durch
ihre liebliche Stimme die Sterblichen. — Berchta erscheint niemals als
Quellenfrau, ihr Aufenthalt sind mehr einsame Gehölze, schauerliche Höhlen,
gebrochene Burgen.

Holba ist die Gütige, Berchta bedeutet die Glänzende, Lichtvolle.
Unter Beiden verstehen wir unsere weißen Frauen, die zu Zeiten erscheinen.
Beide halten, außer ihrer Theilnahme am wüthenden Heere und Nacht=
volke ihren abgesonderten, jährlichen Umzug, der dem Lande Fruchtbarkeit
bringt; wo sie erscheinen, vermehren sich die Heerden, den Frauen geben
sie Gesundheit und Fruchtbarkeit. Umgeben von ihren Frauen, durchziehen
sie, auch im romanischen Süden, Küche und Keller, Segen und Wohlfahrt
spendend. — Mit Vorliebe besuchen sie und ihr Gefolge die Spinnstuben,
und freuen sich, wenn sie Flachs auf den Rocken angelegt finden bei flei=
ßigen Spinnerinnen, beschenken sie mit neuen Spindeln, dagegen den faulen
Dirnen zünden sie den Rocken an. Zur Fastnachtszeit, wenn Holba und
Berchta wiederkehren, muß Alles gesponnen, die Kunkeln leer sein. Treffen
sie dann Alles in Ordnung, so sprechen sie ihren Segen aus: „So man=
ches Haar, so manches gute Jahr." Gefällt das Gespinnst ihnen nicht,
ist nicht abgesponnen, liegen Rocken und Spindeln wie im Kriege umher,
zürnen sie: „So manches Haar, so manches böse Jahr." — Sie wollen
halt die Sachen der Dirnen hübsch in Ordnung wissen, denn sie selbst sind
große Spinnerinnen und Weberinnen.

In Sagen und Märchen Bündens begegnen wir öfters der weißen Frau, bald Holba, bald Berchta, nur in anderer Gestalt und andern Verhältnissen, wie im Norden.

Wir unterscheiden Holba und Berchta als Führerinnen im wüthenden Heere, im Nachtvolke und dann als weiße Frauen für sich allein.

Die weiße Frau von Halbenstein heißt auch die „Quellenjungfer" — die Seele des Brunnens, die dem Wasser Kraft verleiht, Kranke zu heilen. In frühern Zeiten wallten Viele zur Quelle hin, und Manchem soll sie die verlorne Gesundheit wieder gegeben haben. Die Quelle fließt heute noch so klar wie vor Jahrhunderten, die Quellenjungfrau aber hat man lange nicht mehr gesehen, und das Wasser scheint seine Heilkraft verloren zu haben. In der Sage von der weißen Jungfrau zu Halbenstein finden wir die „Treue" plastisch veranschaulicht.

Holba, die Göttin der Brunnen und Quellen, badet sich bei leuchtender Mittagssonne.

Die weiße Donna bi Valnuglia legt uns Berchta zu Sinne. Es gibt eine weiße, eine schwarze und eine eiserne Berchta, eine Frau Percht mit dem Plattfuß, eine mit der langen Nas, eine andre mit der eisernen Nas, und hoch oben am Buffalora, am einsamen Ofenpasse also eine „ohne Nase".

Andere lassen die Schloßfrau von Wilbenberg selbst es gewesen sein. — Als man der zu Grabe läutete, zersprang während dem Läuten die mittlere Glocke, und die zwei andern allein konnten nicht geläutet werden. Der damalige Meßmer, Namens Filli, rief vom Thurme herab, die Schloßfrau sei des Läutens nicht werth.

Diese wurde nun ohne weiteres Geläute begraben, und geistete lange Zeit im Schlosse herum, bis zwei Münsterthaler Kapuziner sie in die Alpe Buffalora bannten.

Dort erschien sie einmal einigen Knechten, soll einem derselben, Conzett von Schiers, gewinkt und dabei mit der Hand auf den mächtigen Schlüsselbund, den sie an der Seite trug, gewiesen haben. Der Mann fürchtete sich jedoch vor der Gestalt; aber ein Anderer wagte es, sie zu fragen, ob er ihr folgen solle, worauf sie die Frage verneinte.

Die Nachkommen der Schloßfrau gaben als Sühne vieles Silbergeschirr zum Gusse der neuen Glocke.

Die weiße Frau auf Oberſaren läßt auch in deutſchen Märchen ihren Wagen herrichten. Hier iſt es Berchta die Glänzende, gleichzeitig auch Holba die Gütige.

In der Sage von den beiden Hütern des Schatzes in der St. Viktors=Kapelle finden wir ohne Zweifel im Greiſe den „getreuen Eckard", der Jedermann vor Gefahr warnt, und ihm dem Eintritt in den mythiſchen Venusberg wehrt, als gewiſſenhafter Wächter; das Mädchen im ſchimmern=den Kleide iſt ſicherlich Berchta.

Der getreue Eckard wird als heidniſcher Prieſter gehalten. Er erſcheint in der Mythe als Hofmeiſter und Begleiter der Frau Holba, der mittel=alterlichen Venus.

Das Charakteriſtiſche in Nornenſagen, daß, was vorausgehende Begabungen Günſtiges verheißen, durch eine nachfolgende zum Theil wieder vereitelt wird, ſchimmert ſchon in Kinderreimen durch, wie den, von der erſten Poppe geſponnene Seiben= (Glücks=) Faden die zweite bricht, indem ſie „Kriba ſchnätzlet" (Rochholz alem. Kinderlieder und Kinderſpiele p. 148 erklärt das einer der Schickſalsgöttinnen zugeſchriebene „Kribaſchnätzla": „Schnatz" iſt Haarſchnur und geflochtenes Haar, „Kriba" iſt Falſchheit und Streit. Die „Kribaſchnatzerin" bringt Hader und Verdruß zwiſchen die Freude, zettelt Verdacht an, oder bricht den Faden des Glücks, der Zufrieden=heit, der Freude). Noch ſchärfer tritt aber dieß aus der Prätigauer=Sage hervor; ſtatt der von der weißen, guten Schweſter projektirten guten und geſunden Küchlein hätte die ganze Fibriſer=Geſellſchaft durch die Tücke der Schwarzen lauter Giftige bekommen, wäre nicht die Halb=Weiße und Halb=Schwarze vermittelnd dazwiſchen getreten. — Auch in dieſer Sage iſt eine Verwandtſchaft dieſer drei Bäckerinnen mit Berchta nicht zu leugnen; nach den Vorſtellungen des Alterthums beſiß ſie ſich ja als häusliche, mütterliche Gottheit, des Spinnens, überhaupt der Geſchäfte einer guten Hausfrau, ſo gewiß auch des Backens, und wir erinnern hier an das Lieblingsgericht der Berchta, an Klöſe und Fettkuchen.

In den Sagen von der Wunſchhöhle erſcheinen die Nornen objekt.

Eine Variante von den drei Spinnerinnen gibt Simrock im Mär=chen von den „drei Schweſtern und dem ſeltſamen Brautpaare". In dieſem spinnen die Schwestern, und sollen schweigen; da verliert die Eine den Faden und ruft: „De Draht bricht!" worauf die Zweite „töt an!" (knüpf an) und die Dritte: „Mober sat, wi solle nich peken (sprechen), peken alle De (Drei)!" Da machte der Freier sich davon.

Die Alpmueller.

An Berchta, mehr aber an Hulba, die Göttin der Viehweiden und des Melkens hohe Beschützerin erinnert auch ein geisterhaft weibliches Wesen, das in den Alphütten von Vorarlberg und Prätigau eine Rolle spielt. Es gehört in die Reihe der „Alp=Pütze" und führt den auffallenden Namen „Alpmueter", die Mutter der Viehalpen. — Diese ergreift, sobald die Heerden im Herbste thalab gezogen, von den Sennhütten Besitz, und hauset und wirthschaftet mit ihrem Gesinde den ganzen Winter über in denselben. Da macht sie sich dann groß Geschäft, zu sennen, zu käsen, die „Gebsen" zu brühen, die Kessel zu fegen, und die Kuhketten herumzuwerfen, daß man es bis ins Dorf hört.

Hanschäsperli ist wohl ein zierlicher Zwergname, ähnlich dem „Chltfinger=Häusli" im Bregenzerwalde.

Die Dialen.

Im Unter=Engabin und im Münsterthale erschienen vormals gewisse, feenhafte weibliche Wesen, die sogenannten Dialas.

Sie waren von leiblicher Schönheit, nur etwas entstellt durch die Ziegen= füße. Sie pflegten in Grotten zu wohnen, die sie schön ausschmückten und in denen sie weiche Lagerstätten von Moos sich bereit hielten. Sie waren von gar guter Gemüthsart und erwiesen sich den Menschen gegenüber sehr gutherzig und zuthätig, erschienen öfters den Hülfsbedürftigen, leiteten ver= irrte Wanderer auf den rechten Weg und bewirtheten Hungrige und Durstige. Armen Leuten, die im Schweiße ihres Angesichtes arbeiteten, linderten sie die Noth.

Wie die Erbleutlein, gleichen auch die Dialen Holba's elbischem Gefolge, den „guten Holben" und dem „stillen Volke", den Elbinen und Zwerg= weiblein. — Die „guten Holben" halten gar gerne Friede mit den Men= schen, theilen ihnen gerne von ihrem neugebackenen Brode oder Kuchen mit, so auch die Dialen. Man muß sie aber in ihrem stillen Treiben ungestört lassen.

Zwerge und Dialen hassen nichts so, wie Hinterlist und frechen Muthwillen.

Die Sage von der lebendig gewordenen Puppe geht auch in der Alp Drusen im Prätigau, im Münsterthale und in der Almenser Alp.

Das Doggi.

Von den vergötterten oder halbgöttlichen Naturen scheidet eine Reihe anderer Wesen sich aus, denen etwas Uebermenschliches, was sie wieder den Göttern nähert, gegeben ist. Sie besitzen Kraft, dem Menschen zu nützen oder zu schaden; zugleich scheuen sie sich vor ihm, weil sie ihm leiblich nicht gewachsen sind. Entweder erscheinen sie unter dem menschlichen Wachsthum oder ungestalt; fast allen ist das Vermögen eigen, sich unsichtbar zu machen. — Auch hier sind die weiblichen Wesen allgemeiner und edler gehalten, und ihre Eigenschaften gleichen denen der Göttinnen und weißen Frauen.

Zu dieser Dämonensippe liefert Bünden ein ordentliches Contingent. Hieher gehört vorerst das Doggi.

Das ist eine Art Vampyr von unbestimmter, zusammengeknäuelter Thierform, ein häßliches Geschöpf mit großem Kopfe ohne Arme und Beine oder nur Stumpen statt derselben. Es setzt sich (auch als kleiner, weißer Schmetterling) Nachts dem Menschen auf die Brust und verursacht die bekannte Angst und Beklommenheit. — Auch Hausthiere quält es, besonders Hühner, und heißt in diesem Falle der „Hennenteufel".

Mit Begier setzt es sich den Pferden in die Mähne und plagt sie. Den Ziegen saugt es die Milch aus; wenn man aber die Ziege einmal durch einen sogenannten Doggistein melkt, so ist sie für immer vor dem Doggi sicher. Der Doggistein ist von mäßiger Größe, glattrund, und hat in der Mitte ein rundes Loch; gefunden wird er aber nur von einem Glückskinde.

Das Doggi ist ein milchliebender Hausgeist, aber böser Natur. Es schleicht Nachts durch ein Schlüsselloch oder durch ein Astloch in der Wand in die Schlafgemächer und legt sich selbst Kindern auf die Brust und versucht an ihnen zu saugen, so daß die Brustwärzchen der Kleinen am Morgen roth und geschwollen sind. — Ein Feuerstahl um den Hals des Kindes gehängt, soll es gegen die Gewalt des Doggi sichern.

In Bünden tritt das Doggi immer einzeln auf und übt meistens das Geschäft des Alp. In Boltigen (Kt. Bern) aber sind ihrer viele beisammen, zwerghafte Bergmännlein; eine tiefe Grotte dort, worin eine natürlich ausgehöhlte Kanzel sich befindet, heißt „Toggeli-Kirche" u. A. m.

Was nun das Doggi in Bünden, ist in Vorarlberg u. a. Gegenden der Schrättlig. Wie der aussieht, weiß Niemand zu sagen, wohl aber weiß Jedermann, daß er ein langweiliger, launiger „leibwerchiger" Hausgeist ist, der seine Freude daran hat, Nachts in die „Schlafgaden" zu schleichen, die Menschen im Bette zu drücken, daß ihnen der Athem fast ausgeht und sie ohne anders glauben, als liege ein Zentnergewicht auf ihnen. — Bei diesem nächtlichen Manöver kommt ihm das Vermögen, sich zu verwandeln, vortrefflich zu Statten: Oefters schiebt er als Katze mit der rechten Vorderpfote ganz manierlich den Fensterläufer zurück und hüpft ins Schlafgemach oder er windet sich als Strohhalm zum Schlüsselloche hinein, ja er schneidet sich selber den Bauch auf und haspelt die Gedärme aus dem Leibe, daß er, ganz dünn geworden, durch jede Wandspalte sich drängen kann.

Es faßte aber Einer den Schrättlig, der just als Strohhalm zum Schlüsselloche sich herein wand, und nagelte ihn fest an die Zimmerwand; am Morgen fand er ein altes Weiblein an der Zimmerwand hängen, das war der todte Schrättlig.

Ein Anderer fand die herausgehaspelten Gedärme des Schrättlig vor der Kammerthüre liegen, ging hin und mischte Harz und Sägmehl darunter, daß der Unhold sie nicht mehr in die Bauchhöhle einzupacken vermochte und drauf gehen mußte.

Als Mittel gegen Doggi und Schrättlig gilt ein in die Wand gestecktes Messer, eine Hechel oder Kartätsche umgekehrt auf die Brust gelegt, oder man läßt ihn eine schwarze Henne im Stalle todt drücken.

Dieser Schrättlig im Vorarlberg scheint in Beziehung zu Frouwa zu stehen, die Katze, in der sie sich verwandelt, ist Frouwa's heiliges Thier. Der aufgeschnittene Bauch, die herausgehaspelten Gedärme und das darunter gestreute Sägmehl und Harz führen aber auch zu Berchta hin; sie erscheint in Kärnthen um Weihnachten als eine Frau mit zottigen Haaren und schneidet dem, der andere Speisen als ihr Leibgericht genossen hat, den Bauch auf und füllt ihn mit Heckerling und Backsteinen. — So tief sank also Macht und Ansehen der hohen Göttin in der Vorstellung des Volkes, daß die Rache, die sie in ihrem Zorn am Menschen übte, nun umgekehrt der Mensch an ihr oder doch an Einem aus ihrem Gefolge nimmt.

Wie der Schrättlig im Vorarlberg in Beziehung zu Berchta steht, so dem Anschein nach das Doggi zu Donar; sehen wir ja die Vorliebe des Doggi zu Donar's heiligem Thiere (zur Ziege, Bock), und gemahnt nicht auch das Melken der Geiß durch den Doggi-Stein an Donar's Melken der Wolkenziegen? Von den Doggi-Sagen weiß man im Prätigau, Davos, Schanfigg und im Oberlande gar Manches zu berichten.

Der Hennenteufel ist nicht größer als eine Flintenkugel, ringsum habe er lauter Augen und Zänglein, mit denen er an den Hennen sich festhalte. Wolle er das Hennenvolk nur in Allarm setzen, aber nicht beißen, so rolle er im Hennenstalle herum mit fürchterlichem Gerassel. — Wolle er wieder weg, mache er sich ganz platt, so daß er durch jede beliebige Spalte in der Stallwand entschlüpfen kann.

Die Fänggen.

Eine interessante Dämonengruppe bilden die Fänggen, von denen in Vorarlberg und Graubünden viele Sagen gehen. — Wie in Tyrol die „Riesen", die Männer der Fänggen oder wilden Frauen, gab es auch in Graubünden männliche und weibliche Fänggen, letztere oft „Waldmuettern" geheißen.

So schauerlich und unhold die Fänggen oder wilden Frauen im Tyrol, sind die Fänggen in Graubünden denn doch nicht. Es ist bemerkenswerth, daß diese Fänggen in Bünden nur in den deutschen Thälern: Prätigau, Davos, Schanfigg, Savien und im Gebiete von Churwalden hausten.

Sie waren ursprünglich ein gewaltiges, ächt deutsches Waldriesen-Geschlecht, das aber im Laufe der Zeiten zu einem minder ansehnlichen, freundlich gesinnten Zwergvölklein herabsank, das immer gutdeutschen Sinn und gutdeutsche Art hartnäckig behauptete.

Die Sage mißt den Waldfänggen gewaltige Stärke, Körpergewandtheit, Schalkhaftigkeit, Witz, List, genaue Wetter- und Kräuterkenntnisse, wie auch den Besitz von Geheimnissen für Alpenwirthschaft und Viehzucht bei, welche dem zahmen Bewohner des Landes theils nie zum Wissen gelangten, theils wieder verloren gegangen sind; auch waren ihnen Golbabern bekannt.

Ihre Kleidung bestand in umgeworfenen Fellen von Füchsen, Dachsen, Mardern und andern Vierfüßern, aber meist kleideten nur die weiblichen Fänggen sich damit. Letztere bereiteten auch aus dem Fette, dem Knochenmarke und der Galle verschiedener Thiere einen Firniß, mit welchem sie sich bestrichen und der sie im Winter gegen Kälte schützte. Die männlichen Walbfänggen schildert die Sage über und über behaart und mit Eichenlaub bekränzt.

Die Fänggen in Graubünden lebten gesellig. Ihre Behausung war gewöhnlich der Wald, wo sie in Höhlen ihre Familienwohnungen eingerichtet hatten, besetzten und hartnäckig vertheidigten.

Außer dem allgemein bezeichnenden Namen führten sie noch einen eigenen, ihrem Gewande, ihrem Wohnorte, ihrer Persönlichkeit entnommen, z. B. „Stuzza-Muzz" (Stutzkatze), „Hoch-Rinta" (hohe Rinde), „Joch-Rumpla", „Joch-Ringgla", „Mugga-Stutz", „Ruch-Rinba", „Ur-Hans", „Giki-Gäki", „Uzy".

Die Sprache der Walbfänggen war durchschnittlich deutsch, doch kamen in derselben auch ganz eigenthümliche Worte und Wortformen vor, so hieß bei ihnen die Gemse „Gazi", eine Frau „Muter", ein Mann „Bamba", ein Mädchen „Puppa", ein Knabe „Masi", gutes Wetter „Heitrige", schlechtes Wetter „Rühe", eine Höhle „Balma", für gehen hatten sie kein Wort, weil sie stets liefen, laufen hieß „gamben", essen „morgen", trinken „schlucken".

Lebten sie nun im Waldesdickicht harmlos beisammen, zogen sie dann vorzugsweise in die Alpen hinauf, in die Dörfer hinab, wo sie nützlich sein konnten, denn sie waren durchaus dem Menschen gut und dienten ihm treu und um die geringste Gabe. Wurde ihre Gutmüthigkeit und Offenherzigkeit aber mißbraucht, so machten sie sich grollend davon und kamen nimmer wieder. — In den Alpen hüteten sie das Vieh, und unter ihrer Obhut verunglückte keine Heerde, gedieh gegentheils aufs Beste. Den Sennen gaben sie oft gute Räthe und bedingten sich zum Tageslohn nur ein Bischen Milch oder oft nur den Schaum derselben, das schmeckte ihnen! Zuweilen theilten sie dem Viehbesitzer ihre Geheimmittel für Alpenwirthschaft und Viehzucht mit, warnten sie vor den Unwettern und gaben ihnen freiwillig oder gezwungen dann und wann ein Arkanum gegen Krankheit oder die Pest. Ein altes handschriftliches Kräuterbuch im Prätigau zählt u. A. alle Pflanzen auf, die den Fänggen, auch den Hexen, zu eigen gewesen, deren Gebrauch nur ihnen bekannt war, und gibt viele Mittel und Wege an, die Geheimnisse derselben zu enthüllen. — In den Dörfern hüteten sie die Heimkühe oder die Ziegen und waren gerne Spaßmacher, oft Schälke, doch stets harmlos und treu; ihnen war nichts so zuwider, als Verrath und Falschheit der Menschen. Suchte man sie zu überlisten, waren sie bald auf und davon.

Wie sie gern den Menschen dienstbar waren, nahmen sie auch freudig den kleinsten Willen für die That.

Man will einer unbändigen Abart von Fänggen das nimmersatte Gelüste nach Menschenfleisch aufbürden; aber dies müssen Ueberläufer der Riesen aus Tyrol sein, die in Graubünden acclimatisirt, mit den Fänggen in Verwandtschaft geriethen, ihr natürliches Bedürfniß an Menschenfleisch nicht von sich geben konnten.

Einen Zug haben die Fänggen mit den Riesen gemein, auch sie hassen das Glockenläuten. So seien z. B. die Waldfänggen in Val Davos bei Furna durch das erste Läuten der neu angeschafften Glocken für immer vertrieben worden.

Den Zwergen gleichen die Fänggen darin, daß sie wohlgestaltete Kinder der Menschen aus der Wiege entwenden und an deren Stelle „Wechselbälge", Eigene, die etwa mißgestaltet sind, legen, um ihre Art dadurch zu verbessern.

In einigen Zügen gleichen die Fänggen aber auch den Elben, so wissen wir, daß die Fängginnen schönen Jünglingen nachstellten.

Gar oft übernahmen die Fänggen auch die Rolle der Hausgeister und Kobolde und waren, gesucht oder ungesucht, dem Menschen gerne zu Diensten bereit.

Dadurch, daß die Fänggenkinder (meist nur Töchtern) in Bauernhäusern groß gezogen wurden und als Mägde treu und fleißig dienten, schlug sich zwar eine Kulturbrücke vom Menschengeschlechte zu diesem weiblichen Riesengeschlechte hinüber, aber fest war diese Brücke nicht, denn die Fänggentöchtern vom Tyrol her bequemten sich nicht zum Christenthum, beteten nicht, gingen nicht in die Kirche und hatten die möglichste Scheu vor dem h. Kreuzeszeichen — mit einem Worte, sie bewahrten ihre altdämonische Natur.

Die spätere Zeit schwächte das gewaltige, übermächtige Wesen der Fänggen bedeutend ab. Aus den riesigen „Waldmuettern" wurden kleine „Waldweiblein" und statt dem gewaltigen „Waldfänggengaißler", dessen Stab eine entwurzelte Tanne war, begegnet man nunmehr einem kaum drei Fuß hohen „wilden Fänggenmannli", das um ein Näpfchen Milch täglich dem Bauern das Vieh hütete. Diese abgeschwächten und verkümmerten Fänggen vertauschten denn auch ihre frühern ursprünglichen Wohnsitze, die mächtigen Urwälder mit finstern Höhlen (Balmen) und Löchern. Solche „Fänggen-Balmen" findet man noch besonders am Räticone.

Im Laufe der Zeit verwirrten sich die Fänggen-Sagen so miteinander, daß man die dämonischen Wesen, denen man unter dem Namen „Fänggen" in den Sagen begegnet, zu den Zwergen, Elben, Hausgeistern zählen muß.

Die Zwerge in Bünden nun waren die Nachkommen der Fänggen und trugen zwar nicht ihre Gestalt, doch aber deren Geschicklichkeit, Gewandtheit und Eigenthümlichkeiten zu Erbe; sie suchten die Nähe und Hülfe der Menschen und belohnten jeden kleinen Dienst vielfach. Wie die Zwerge über Fluh und Tobel sprangen und nicht ermüdeten, hielten auch die Fänggen jeder Gemse Schritt. Auch die Fänggenweiblein konnten die steilsten Bergwände erklimmen, und hatten sie etwa ein Kind mitzunehmen, so banden sie sich dasselbe mittelst ihrer langen, hellblonden, fast silberweißen Haare auf dem Rücken fest; Kinder, die neben ihnen herliefen, banden sie an ihren Aermlein fest. — Zu dieser Tüchtigkeit im Steigen und Springen gelangten sie vorzüglich durch das Herausschneiden der Milz, wodurch sie das im Laufen so hinderliche „Milzstechen" auf immer beseitigten. — Nicht minder trug zu ihrer Fertigkeit im Laufen und Springen ihre Nahrung bei, die hauptsächlich Milch gezähmter Gemsen war. Schon die neugebornen Kinder ließen sie an gezähmten Gemsen saugen; der Genuß solcher Milch nahm ihnen den Schwindel. Die rauhe Nahrung der Hirten war ihnen zuwider. Außer Gemsenmilch genossen sie auch Eier von Schnee- und Perlhühnern, und zur Sommerszeit waren die Heidelbeeren ihnen ein Leckerbissen. — Aus der Gemsenmilch bereiteten sie auch kleine Käslein, die zuckersüß waren und Einem im Munde vergingen.

In der Sage von der Fänggin „Mabrisa" finden wir den vorzüglichen Reichthum der Alpen am Mabrishorn an milchreichen, aromatischen Kräutern ausgedrückt und auf das herrliche Gedeihen des Viehes, das in diesen Alptriften weidet, hingewiesen.

Die Frau mit den Kohlen, die in Gold sich verwandeln, haben wir u. A. auch in Furna.

Das Schröpfen und Aderlassen war früher in Currätien ungemein im Schwunge, und man glaubte nicht gesund zu sein und bleiben zu können, ohne jährlich wenigstens einmal Blut sich abzapfen zu lassen. — Der „Tamerlan" ließ aber nie einen Schröpfkopf in Leibesnähe kommen und blieb dennoch gesund, und unser Fänggenmannli scheint bessern Stärke gerade diesem Umstande zuzuschreiben.

Die „Böschga" ist eine von der Landquart zwischen Serneus und Klosters gebildete Insel, und die Art und Weise besonders, wie man den von Fänggen gelegten Wechselbalg vom Halse sich schaffen kann, kommt in vielen Zwergsagen vor. Immer kommt es darauf an, den Wechselbalg zum Selbstgeständnisse seines Alters zu bringen.

Dieser Wechselbalg war demnach so alt, daß er die Böschga fünf Male als Wiese, dann bewaldet, wieder als Wiese u. s. w. gesehen hat.

Der Schall der Morgenglocke nimmt den Fänggen die Macht, Böses auszuüben, und dem Satanas die Kraft, zu schaden; erst wenn die Abendglocke verstummt, werden die Unholde wieder Meister, müssen aber ausharren, bis es wieder läutet.

Von Fänggen als Menschenfresser gibt Suttermeister im „der Harige" und Birlinger in der Sage vom „Grafen von Stabion" Varianten.

Einer bedeutenden Anzahl elbischer Wesen begegnet man, wie in Vorarlberg, auch in Bünden unter dem Namen „Bütz"; der Singular lautet „Butz" m. — Man hört auch ein Diminutivum „Bützele" von kleinen, im Wachsthum zurückgebliebenen Kindern. „Bützele" sind auch Knötchen in der Haut, die von einem Butz Einem angeblasen werden.

In Bünden ist der Butz „Butzibau" eine vermummte Person.

Grimm bezeichnet die Bütze dem Namen nach als Poltergeister, und weist ihnen eine Stelle unter den Hausgeistern und Kobolden an. — Ursprünglich mochten diese polternden Hausgeister mehr elbischer Natur, und gut und freundlich gewesen sein, allmälig aber sank der alte, trauliche und getreue Hausfreund des Heidenthumes zum Schreckbilde und Gespötte der Kinder herab. „Der Butz kommt" jagt den Kleinen panischen Schrecken ein.

Der Butz erscheint in Haus und Stall, in Alp- und Mayensäß-Hütten, in der Küche, selbst unter dem Herbe, ganz nach der Art der Hausgeister; aber auch in Seen, in Töbeln, in Wäldern und Rüfen zeigt er sich, daher die verschiedenen Benennungen: Hausbutz, Kellerbutz, Tobelbutz, Alpbutz, Waldbutz, u. s. w.

In jeglicher Gestalt und Eigenschaft hat der Butz mächtig Geschäft, und der Erfolg seiner Arbeit ist gar verschieden, dem Einen zum Heile, dem Andern zum Unheile. —

Es gibt aber auch Bütze, die mit den Menschen eigentlich nie in Berührung kommen, und von Letztern nur durch Zufall gesehen werden.

Die Büte, Geister und Gespenster, Unholde und Umgehenden spielen in
den Bündnersagen eine hervorragende Rolle. In dem Ungeheuer im Lüscher=See ist die zerstörende Wasser=
gewalt symbolisch dargestellt, welche noch jetzt durch unterirdische Abflüsse
jenes Sees einem Theile des Alpengeländes Tschappina den Untergang droht.

Die Sage vom Krachemannli hat Flugi in Poesie: „Die gewon=
nene Alpe". — In Ragatz geht die gleiche Sage; die näherbezeichnete
Stelle heißt noch heute „Löffelgut".

Walther Senn in seinem schönen Werke „Charakterbilder" gibt in Band I.
pag. 311—322 eine Variante der Sage von dem Handbuben, der
Jauchzen und Jodeln lernte. Er läßt dort den „Res" das Alphorn=
blasen und Jodeln erlernen. Sagen und Märchen vom Jauchzen=, Singen=,
Pfeifen=, Flötenblasen=, Waldhornblasen=Lernen finden wir in Bern, St. Gal=
len, Uri, Luzern, in ganz netten Varianten.

Der Drache, der Lintwurm (die geflügelte Schlange) kommt in
Bündner=Sagen da und dort vor, und zwar in verschiedener Gestalt und
Wirksamkeit. Meistens stellt man sich ihn als riesige Schlange mit Krokodillen=
rachen, zwei ungeheuren Löwen= oder Vogelsfüßen (Adlerklauen), mächtigen
Fledermausflügeln, Stachelkamm, Doppelzunge, gezacktem Schwanze mit
Widerhacken, vor. —

Auch in der Schlucht beim Ausflusse des St. Morizer=Sees hauste
ein Drache, dessen Schalten und Walten aber von geringer Bedeutung gewesen
sein muß. Campell, der Vater rätischer Geschichte nennt Joh. Mallet, der
denselben soll gesehen haben.

Die Sage vom versetzten Marchsteine kehrt in Bünden öfters
wieder, so treffen wir sie in Peist, in Untervaz und in Tamins.

Das „Rucken" des Viehes soll daher kommen, daß ein Alp=Butz
das Vieh in solche Jast bringt, daß es nicht mehr weiß, wo aus und wo
ein. Das ist einer der Bütze, die es verstehen, sich unsichtbar zu machen,
und der dann mit übermäßiger Begier seine Tücke an Mensch und Vieh
ausläßt. — An der Casanna beschwörte ein Kapuziner „das Rucken".

Eine Variante der Sage vom Tobel=Geiste geht auch anderorten, so
z. B. in Tschiertschen, wo dieser Tobel=Geist der „Carmänna=
Küher" genannt wird.

Die Hexen.

Die ganze Masse des altdeutschen Zauberwesens, d. h. des Vermögens, übernatürliche Kräfte schädlich oder unbefugt wirken zu lassen, ging in das neuere Hexenwesen über, und in den Hexen, die in unsern heutigen Sagen und Märchen auftreten, sind sowohl altdeutsche Riesen, Zwerge und Elbinnen, als auch mächtige Götter und Göttinnen, wie Wuotan, Donar, Holda direkt oder beziehungsweise zu suchen und zu finden. Aber aus strahlenden Göttinnen sind sie spuckhafte Unwesen geworden, zum Unheile der Menschen geschaffen, welchen die Verteufelung der einst holden Himmelstöchter schweres Unglück gebracht hat.

Ein uralter, unter alle Völker gedrungener Wahn leitet aus der Zauberei das Vermögen ab, die Gestalt zu bergen oder zu wandeln. — Zauberer pflegten meist in Wölfe, Zauberinnen in Katzen überzugehen. Den Zauberinnen steht auch Vogelsgestalt und Federkleid zu Gebote; als Elstern sind die Hexen keineswegs teuflische Zauberinnen, sondern schicksalsverkündende, weiße Frauen. — Mit Donar und den ihm nachfolgenden Elben und Zwergen berühren sich dann die Hexen, wenn sie als Melkerinnen, Milchdiebinnen oder Milchverderberinnen sich geberden. Sie verstehen es, den Kühen, ohne sie anzurühren, die Euter leer zu melken; sie stecken nämlich in eine eichene Säule ein Messer, hängen einen Strick an dasselbe, und lassen aus diesem Stricke die Milch fließen, oder sie schlagen eine Art in das Stallthür-Gericht, und melken aus dem Arthalme. — Auch bezaubern sie die Kühe, daß sie Blut statt Milch geben, oder unfruchtbar werden.

Wie ein Messer, in die Wand des Schlafgemaches gesteckt, gegen den Schrättlig, ein Feuerstahl gegen die Gewalt des Doggi schützt, sind Stahl und Eisen Schutzmittel gegen Hexen.

Wie elbische Wesen, so namentlich das Doggi, als Phalänen erscheinen, so fliegt der Geist der Here als Fliege, Biene, Wespe aus.

Aber nicht nur ungern gesehene Thiere mußten Hexen sein, nein, auch Menschen, ganz unschuldige, mußten oft dem Wahne des Aberglaubens zum Opfer fallen; und immer mußten es arme, alte Weiber sein, die ihre Gestalt wandelten und das ihnen angedichtete Unheil anstifteten, wofür ihnen der Welt Lohn, der Scheiterhaufen, Schwert oder Feuer, zum Theile wurden.

In den Archiven unseres Landes fand ich verschiedene, zahlreich vorhandene Original-Urkunden, Zeugnisse, mit welcher Grausamkeit die armen Angeschuldigten verurtheilt und gerichtet wurden, so in den Archiven

Mayenfeld, Klosters, Kantonsarchiv, Räzüns, Mysor, Heinzen=
berg, Tschappina, Tomils, Obersaxen, Disentis, Puschlav.
— Viele Hunderte verurtheilte der schreckliche, volksthümliche Wahn zum un=
verdienten Tode; ja sogar sagt man von Tausenden, keine Unwahrscheinlichkeit,
durchaus nicht. — In der Nähe des Puschlaver Sees erhebt sich ein aus=
gedehnter Schutthügel, der den Namen „Mille morti" (tausend Todte)
führt. Haben vielleicht auf dem Schaffotte, welches auf diesem Hügel sich
befand, „tausend" Unglückliche ihr Leben geendet? — So viel ist gewiß, daß
nur im Jahre 1672 auf Millemorti zwanzig der Hererei angeklagte und
geständige Personen hingerichtet wurden. Die Zahl der unglücklichen Opfer
des gräßlichen Wahnes stieg im Thale Puschlav allein wahrscheinlich auf
150. Gewiß ist auch, daß hundertzwanzig zum Tode verurtheilt wurden,
denn eben so viele Herenprozesse befinden sich noch in dortigen Gemeinde=
Archiven; manche andere solcher Prozeß=Akten gingen verloren oder wurden
absichtlich auf die Seite geschafft. — Die letzte Here wurde dort noch im
Jahre 1760 hingerichtet.

Wie andere Gegenden, hat auch das Bündner Oberland seine Heren=
prozesse gehabt, und besonders das Hochgericht Disentis war der Schau=
platz blutiger Justizmorde. Die Annalen des Klosters Disentis enthalten
geschichtliche Thatsachen über diese traurigen Abirrungen des menschlichen
Geistes. So wurden im Jahre 1675 nicht weniger als 30 Personen
beiderlei Geschlechts der Hererei und des Vertrages mit dem Teufel an=
geklagt, und entweder zum Schwerte oder zum Scheiterhaufen verurtheilt.
Selbst hochstehende Prälaten, die in der Volksachtung eine so hervorragende
Stellung einnahmen, waren vom Verdachte des Teufelsbündnisses nicht
frei. Erzählt ja die Disentiser Klosterchronik, daß der humane und hell=
blickende Fürstabt Adalbert II. von Medel à Castelberg, der vom Jahre
1655 bis 1696 regierte und dem wahnwitzigen Regimente jener Heren=
gerichte entgegen zu treten suchte, selber in böswilliger Weise beim päpst=
lichen Nuntius als Freund und Beförderer der schwarzen Kunst verklagt
wurde, und er es lediglich dem Einflusse des Benediktinerordens zu ver=
danken hatte, daß man nicht Hand an ihn legte. . (Decurtins.)

Wer einige der Herenprozesse gelesen hat, hat alle gelesen, denn
einer gleicht dem andern, nur sind Verschiedenheiten in den Persönlichkeiten,
Anklagegründen, Verhör, Folter und Ende der traurigen Geschichte un=
ausweichlich. Ihre Zeit, wo sie den Glanzpunkt der Kriminaljustiz bildeten,
sind das 16., 17. und 18. Jahrhundert.

Zu Sins und Remüß ersäufte man die Hexen (femmes du malas arts) im Inn, während man sie anderswo meist verbrannte, selten köpfte. — Wenigen gelang es, von der Tortur befreit und wieder als „ehrliches Mensch" angesehen zu werden; geschah solches, war es der Befürwortung eines Richters oder der List der Here selber zuzuschreiben. So z. B. ward eine solche zu Mayenfeld zum Feuertode verdammt, wurde aber von den Richtern bei der Tortur um Angabe der Comilitonen befragt, worauf sie dem inquirirenden Landvogt (Heinrich von Schauenstein) ins Ohr flüsterte: „Die gestrenge Frau Landvögtin ist die ärgste unter uns." Diese wenigen Worte bewirkten ihre Freilassung unter dem Siegel weiterer Verschwiegenheit. Von der sicherlich erfolgten Gardinenpredigt zwischen dem Herrn Landvogt und seiner gespenstigen Ehehälfte verlautet indeß nichts Weiteres.

In allen diesen Herenakten finden wir Beziehungen zu Wuotan, Frowa (Holba, Berchta) zu den Hausgeistern, Kobolden, Elfen. — Die nächtlichen Ausfahrten, der Ritt durch die Lüfte gleichen ganz den Zügen der Gottheiten; dann finden wir die Tänze der Hexen gegenüber den Reigen der Elfen; weiters treffen wir im „Hagel sieben" das Kochen der Berchta und ihres Gefolges. — Auch waren Faßnacht, Pfingsten, Johanni und Galli Zeiten und Tage der Ausfahrten; diese waren wahrscheinlich die Tage großer heidnischer Feste: Frühlingsfeuer, Maifeuer, Sonnenwendefeuer, Herbstfeuer. — Was die Oertlichkeit anbetrifft, führen die Hexen oft an Plätze, wo vor Alters Gericht gehalten wurde oder heilige Opfer geschahen.

War nun einmal eine arme Persönlichkeit in üblem Ansehen, oft nur in Hinsicht ihrer verkümmerten Gestaltung, oder in irgend einer zweideutigen Verumständung, so ward sie ohne besondere Umschweife am Kollet gepackt, eingezogen und verhört, und zwar so, daß man sie zur Bekenntniß angedichteter Uebelthaten zwang. Gleich nach dem ersten Verhöre mußte die Folter unter verschiedenen Graden und Anwendungen in's Werk gesetzt werden. — Selten zog sich ein Prozeß auf die lange Bank hinaus, wie heutzutage, und „Scheiterhausen" endete meist den schauerlichen Akt.

Die zwei Hauptanklagepunkte, die man gegen die der Hexerei Beschuldigten erhob, waren: „daß sie ein Bündniß mit dem Teufel geschlossen", daß sie die lieben Früchte des Erdreichs, das Vieh verderben geholfen, auch übel Wetter und Hagel gemacht hätten."

Das Teufelsbündniß bestand in Folgendem: Der Teufel kommt in verschiedener Gestalt und unter verschiedenen Namen, zwingt die Hexe, ihrem Glauben abzusagen und mit ihm einen Bund zu schließen. Dann kommt er zu Zeiten zu ihr, und ladet sie zu nächtlichen Festen. Es beginnt die Fahrt an bestimmte Orte, dort trifft sich verschiedene Gesellschaft; es kommt zum Tanze, nach demselben zur Mahlzeit und endlich zur Heimfahrt.

Was nun die Gestalt betrifft, erscheint der Böse schwarz gekleidet mit einem Federbusch auf dem Hute, oder in blauen Hosen, ledernem Wamse und rothen Strümpfen, auch in Weibskleidern, mit einem spitzigen Filzhütlein und rothem Angesichte; hat Bocksfüße; seine Stimme ist heiser.

Der Bund besteht darin, daß die Hexe sich ihm ergibt mit Leib und Seele, daß sie ihrem angestammten Glauben absage, dagegen des Hexenwerkes in „allen Stucken" sich befleiße, und Meister Belzebub nahm sich als Wahrzeichen ein Stück ab dem linken Hemdärmel oder drei Tropfen Blut aus dem linken Arm der Hexe.

Zu Zeiten kam nun der Unhold auf einem Bocke vor das Haus der Hexe geritten und holte sie zum Tanze ab. Wollte er gegen eine Hexe den Galanten spielen, gab er ihr ein gewisses, frisches Kraut von grüner Farbe, das solle sie in den linken Schuh legen, so oft sie Seiner begehre, oder auf den Tanz wolle, dann hole er sie ab. Gewöhnlich kam er um Fastnacht und Pfingsten, auch an gewissen Lostagen.

Es begann nun die Ausfahrt zu den nächtlichen Festen. — Der Oberteufel nahm in voller Würde die Ankömmlinge in Empfang. Die Unterteufel erschienen auf einem Bocke, ihnen zur Seite eine Hexe auf einem Kalbe, einer Geiß, einer Sau oder einer Katze, manchmal Teufel und Hexe schrittlings auf dem gleichen Thiere; — oder die Hexe strich eine Salbe, die ihr vom Oberteufel gegeben worden war, an ihren Fuß, oder an einen Stecken oder Besen oder Ofengabel, setzte sich darauf und sagte: „hui us und niena=n=a" und fort gings, durch alle Lüfte. (Dem Manne daheim legte sie dann, wenn sie ausfuhr, einen Besenstiel ins Bett, und er konnte nicht erwachen, so lange derselbe bei ihm lag; kam dann die Hexe wieder heim, legte sie sich an des Besenstieles Stelle und die Sache war dadurch abgethan.)

Die Hauptorte, zu denen die Unterteufel ihre Hexen führten, oder wohin sie auf eigene Faust angeritten kamen, waren in Graubünden: der Sträla=Paß, Bellaluna unterhalb Bergün, Mezzaselva, wo man noch die verschütteten „Hexenbrunnen" zeigt, das Schloß Lichtenstein, Pic Beverin, Scalära=Tobel, Parbenn, der „Tanz=

boden" bei Mastrils, der Obersarer-Grund, Savien, Flerben, Scharans, Cuolm Higli und Prau de Scabellas bei Almens u. A. m.

Auf den Festplätzen angekommen, trafen die Hexen dort große und bunte Gesellschaft von Bekannten und Unbekannten, beiderlei Geschlechtes, und ohne weitere Ceremonien begann der Tanz; der war so hurtig und geschwinde, daß die Mittanzenden einander kaum zu erkennen vermochten. Aber dabei durfte kein einziges Wort gesprochen werden, wer einen Laut von sich gab, fiel sogleich zu Boden. Ein Geiger und ein „Sackpfeifer" machten auf.

Nach dem Tanze, oder auch vor demselben, gings zum Mahle. Der Tisch trug silberne Becher. Wie beim Tanze die Reichen, darunter einmal zwei alte Weiber, so „guldine Kettlin ume gehabt", einen besondern Reigen hatten, so auch hier; diese saßen oben am Tische. — Aufgetragen wurde allerlei gesottenes und gebratenes Fleisch, aber weder Brod noch Salz, oder Brötis und Küechli, aber weder Brod noch Wein. Die Mahlzeit aber sättigte nicht, sie aßen und tranken wohl, aber Alles war nur wie Luft.

Endlich erfolgte die Heimfahrt, die ebenso geschah, wie die Ausfahrt.

―――――

Die zweite Anklage, die man gegen die der Hexerei Beschuldigten vorbrachte, war, daß sie die lieben Früchte und Saaten des Erdreiches verderbt, durch Hagel-, Regen- und Wetter-Machen, daß sie auch dem Vieh Gepresten angethan hätten.

―――――

Eine bekannte, sie habe in einem Hafen einen Hagel gesotten: Sie habe großes, breites Kraut, wie auch Haar ab ihrem Kopfe dazu genommen; das habe mit noch Anderm zwei Stunden lange im Hafen sieden müssen; ein Teufel, ihr Gespiele, und sie haben dabei getanzt. Derselbige gesottene Hagel habe im ganzen Lande großen Schaden gethan.

Eine Andere sagte, den großen Hagel um Jakobi, als man den Hanf ernten wollte, der aber Alles zerschlagen habe, hätte sie gemacht. Sie sei in einem Bach gestanden, habe eine Salbe in die Wolken geworfen und also dazu gesprochen: „J würf' bi uf in die Wollen, daß du Steine gebest, daß Niemand sicher sei."

Eine Dritte hatte vom Oberteufel drei Salben bekommen, eine grüne, eine weiße und eine schwarze, die grüne zum Viehverderben oder zum Regenmachen, die weiße zum Hagel, die schwarze zum erschröcklichen Wetter, und sie habe alle drei „z'guten Fleiß" gebraucht.

―――――

Unter Anderm verstehen es die Heren, wie auch der Buß, das Vieh in den Alpen zum „Rucken" zu bringen, daß es wie toll durcheinander rennt und über alle Gräben und Abgründe hin und her jagt. — Wirft aber der kundige Hirte seinen „Tschopen" unter die „ruckende" Heerde, hört augenblicklich der Spuck auf, der ohne dies nur allmälig, doch nach einiger Zeit sich verliert.

So kann man auch dadurch, daß man ein Kleidungsstück auf die Stelle wirft, wo man die Here vermuthet, und so glücklich ist, diese zuzudecken, das böse Werk der Here vereiteln.

Gleich wie in dem Gebahren der alten Götter, Halbgötter, Elben, Riesen, Zwergen ein Zug von Uebernatürlichkeit als Hauptnerv das ganze Gewebe durchzieht, belebt auch ein solcher das gespenstige Wesen der Heren durch und durch. — Wie schon gesagt, erscheinen die Heren in verschiedener Gestaltung, auch sind ihre Thätigkeit und ihr Wirken uns genugsam bekannt.

Mancher mythologische Zug ging von den Heren auf die Zigeuner über, da diese freien Söhne Asiens in Folge ihres unsteten Lebens unter Anderm eine ziemliche Kenntniß der Gift- und Arzneikräuter erlangt. So stunden sie im Verdachte der Hererei, und mit Schlauheit beuten sie noch heute den Aberglauben unseres Volkes zu ihrem Vortheil aus.

In der Sage von der Rüse-Here haben wir den Rüsebutz im Kleide einer Here und als solche den Menschen Tod und Verderben bringend.

In der Sage von der Here in Wolfsgestalt finden wir aber eine Here selbst in Wolfsgestalt, statt eines Herenmeisters. Gemeiniglich pflegten nur Herenmeister in Wölfe sich zu verwandeln, selten Heren. Das Volk will aber hier doch eine Here haben!

Die in Heren verwandelten Weibspersonen kehren in unsern Sagen oft wieder unter verschiedenen Verumständungen.

Aehnliche Sagen wie die von der verherten Dame finden wir in Derivanten mehrere.

Märchen

aus dem

Bündner Oberlande,

gesammelt und nach dem Räto-Romanischen erzählt

von

Caspar Decurtins.

———⁂———

Chur.
1874.

Vorwort.

*Die Mythologie ist reich, aber so reich ist
sie nicht, daß sich aus ihrem Gebröckel
eine Mährchenwelt erzeugen könnte.*
(Uhland's Schriften VIII. Band).

Deutsche Sage und deutsches Lied lassen ihre besten Töne über kühne Reckenthaten, zarte Frauenminne und treue Freundesliebe an den Ufern des schönsten deutschen Stromes, des Vaters Rhein, erklingen. In seiner purpurnen Tiefe ruht das rothe Gold des Nibelungenhorts, um den so mancher Held Leib und Leben gelassen; um seine Hügel weht der Hauch des großen Karl, und aus seinem tiefblauen Wasserspiegel strahlen jene gigantischen Dome, die ein starkes und frommes Geschlecht errichtet. So weit des Stromes Lauf geht, auf helvetischer wie auf deutscher Erde, blüht das Reich der Poesie in schimmerndem Glanze, und die Sage rankt sich um jede Burg und schaut aus jeder Hütte hervor, von alten Zeiten erzählend und von Geschlechtern, die längst vergangen, ein Nibelungenhort mitten in unsern Tagen, so kostbar wie jener, um den Siegfried geblutet.

Seltsam, doch wahr ist es, daß jener beutsche Sagen- und Märchenschatz auch an den wilden Ufern des Vorder- und Mittelrheines sich erhalten, mitten auf romanischem Grund und Boden. Wohl tönt dort eine andere Zunge, aber das deutsche Märchen lebt noch in frischester Ursprünglichkeit in jenen rauhen Thälern, freilich zuweilen umhaucht vom glühenden Athem, der herüberweht von naher italischer Erde, aber stets kernig und unverfälscht. Im Gewande der Poesie begegnen wir im romanischen Märchen den alten deutschen Reckengestalten, dem kühnen Wolfdietrich, dem muthigen Siegfried, ja dem altehrwürdigen Hilbebrand. Sie alle und noch andere Helden leben noch unter dem Volke, das da weilt am Fuße des Badus. Die alten deutschen Schlösser aus grünem Marmelstein tauchen am romanischen Rheine wieder auf, die stolzen Gestalten der Chriemhilde und der Brunhilde mit glänzendem Hofstaate bevölkern die Halle, die rauhe Els badet in ihren Wellen und steigt verjüngt empor, von den Zinnen der Burg blickt die zarte Hilbeburg herab ins grüne Alpenland, Dietrich von Berne zieht aus, den Drachen zu besiegen, ja der alte Wuotan steigt wieder herab zu den Menschenkindern, und Jdun hütet die goldenen Aepfel unsterblicher Jugend. Sogar die Schwanenjungfrau, das holde Duftgebilde im uralten eddischen Liebe, Wölunbarkwidha winkt auf rätischer Alpenhöhe und umkost den rauhen Hirten mit süßem Geflüster.

So leben denn in den fernen Alpenthälern längst entschlummerte Geister, vom Volke der Hirten als ein kostbares Gut treu bewacht. Nur ungern erzählen sie dem Fremdlinge die von Großmütterchen ihnen anvertrauten Märchen. Wer diese frisch und rein haben will, der steige dort auf grüne Alp und lausche Abends beim prasselnden Feuer dem alten Senn, wie er den lieben Jungen von den grimmen Drachen und tapfern Rittern erzählt, oder er geselle sich zu den Kindern, die an den langen Winterabenden um den Ofen geschaart, wo Großmütterchen auf ihrem Ehrensitze thronend, von den Raben, die sprachen, und von Jungfrauen mit Schwanenfedern erzählt.

Wie aber die Bergkirschbäume mit ihrem schattigen Laubdach und ihren süßen Früchten sich immer mehr in die einsamen Berghöfe zurückziehen, um auch dort bald zu verschwinden, so wird manches Märchen auch nur vom Großmütterchen im hochgelegenen Hofe gehütet, und mit ihr wird dasselbe den Zwergen zurückgegeben, die in den Tiefen der Erde des Rheines Rotherz hüten.

Und auch der Sammler dieser Märchen, selbst ein Sohn surselvischer Berge, hat dem Herzschlag des Volkes gelauscht und aus den rauhfaserigen, aber duftenden Alpenblumen einen schlichten Kranz gewunden, den Freunden rätischen Volkslebens gewidmet.

Der Drachentödter.
(In Creslas bei Trons erzählt.)

Einst giengen drei junge Ritter auf Abenteuer aus, und ihr erstes Ziel war eine Höhle in tiefem Walde, in der eine wunderschöne Königstochter von drei grausigen Drachen gefangen gehalten wurde. Vor die Oeffnung der Höhle gekommen, hieß der jüngste und muthigste der Ritter die Andern ihm ein Seil um den Leib binden und ihn so in die Tiefe hinablassen. Die Begleiter thaten ihm den Willen und versprachen, des Gesellen zu harren, bis er ein Zeichen gebe, um dann ihn und die gerettete Prinzessin wieder an das Tageslicht emporzuziehen. Der junge Ritter gelangte glücklich in den innersten Raum der Höhle, wo ein anmuthiges Mädchenbild dem nahenden Retter durch Thränen entgegenlächelte. Dann lud sie ihn zum Sitzen ein und flüsterte ihm zu, er möge sein gutes Schwert bereit halten, denn es werden ihre Peiniger bald erscheinen, drei grausenerregende Drachen, der eine mit e i n e m Kopfe, der zweite mit d r e i, und der letzte und fürchterlichste gar mit s i e b e n Köpfen. Und kaum hatte das zarte Königskind also gesprochen, als ein Heulen anhub und eine scheußliche Drachengestalt sich auf den jungen Ritter warf. Aber Jener hob das Schwert mit Macht, und es fuhr die Klinge nieder, das Haupt des Drachen zerspaltend. „Nun kommt aber der zweite," sagte die Jungfrau, „seht Euch vor, mein edler Ritter." Und ehe sie noch die Worte vollendet, polterte das dreiköpfige Ungethüm heran, noch grausiger anzusehen, als das erlegte, und öffnete die entsetzlichen Rachen, um den Jüngling zu zermalmen. Allein des Ritters Arm war nicht erlahmt, und ein kräftiger Hieb trennte die Häupter vom Rumpfe. Da bebte die Höhle in ihren tiefsten Gründen, und ein Geheul gieng durch die Felsen, wie die Stimme des Donners im Hochgebirge. Das letzte und fürchterlichste Scheusal, jener schuppenbepanzerte Lindwurm mit sieben Köpfen, stund racheschnaubend vor dem jungen Manne, mit dem Schwanze um sich schlagend, daß die Felstrümmer emporstoben. Der Ritter besann sich indeß nicht lange, und that mit seinem zweischneidigen, mächtigen Schwerte so wackere Arbeit, daß der Lindwurm, einen Strom von dunklem Blut ausgießend, in kurzer Zeit den männlichen Streichen erlag. Nun sank die Jungfrau, überströmenden Dankes voll, an die Brust des Jünglings, gelobte ihm, als ihrem künftigen Herrn und Gemahl, ewige Treue und gab ihm zum Angebinde ein gülden Ringlein. Deß freute sich der Ritter baß und zog am Seil, den Mitgesellen zum Zeichen, daß die That glücklich vollbracht und sie sich bereit machen möchten, die Gerettete und den Retter aus dem grausen Gefängniß ans Tageslicht zu fördern. Die aber, so oben stunden, waren argen Sinnes und verabredeten unter sich einen schlimmen Plan, um sich den Ruhm des fremden Werkes wohlfeil zu erwerben.

Vom bösen Geist getrieben, zogen sie zwar die Jungfrau empor, ließen dann wohl das Seil zum zweiten Mal herab, scheinbar zur Rettung des Gespielen, im Herzen aber den Vorsatz hegend, den Unglücklichen auf halbem Wege wieder in die grausige Tiefe stürzen zu lassen. Ein guter Geist mußte indessen dem jungen Ritter eine warnende Ahnung eingehaucht haben; denn statt sich selbst dem Seile anzuvertrauen, schlang er dasselbe um einen Baumstamm und gab neuerdings das Zeichen zum Emporziehen. Die verrätherischen Freunde am Rand der Höhle thaten, was ihnen ihr arges Herz eingegeben, und ließen die Last zurückfallen, ohne anders den Tod des Mitgesellen erwartend. Darauf traten sie hin vor die Königstochter, erzählten die erfundene Mähre und forderten Jene auf, Einen von ihnen zu ihrem Gemahl auszuwählen. Die Prinzessin aber war klugen Sinnes und erbat sich Bedenkzeit auf drei Tage, worauf sie dann alle zur nahen Königsstadt ritten.

Der junge Ritter, der doch das Beste gethan, trauerte verlassen in seinem dunklen Schlunde. Da erbarmte sich seiner ein alter, grauer Fuchs, und der sprach zu ihm: „Halte dich an meinem Schwanz und folge mir, ich will dich retten, wie du die schöne Jungfrau gerettet hast." Der Ritter that, wie ihm geheißen, und sah bald wieder das goldene Licht der Sonne. Der Fuchs aber war plötzlich verschwunden.

Wohlgemuth gieng der Jüngling fürbaß und kam in die Königs=
stadt. Dort herrschte große Freude, und als er nach der Ursache
frug, erfuhr er, daß die Prinzessin im Begriffe stehe, einem ihrer
vermeintlichen Retter die königliche Hand als Gemahlin zu reichen.
Da begab sich der Ritter in die Küche des Königspalastes und frug
den Koch, ob er ihm nicht Arbeit geben könne. Dieser bejahte es,
und so hantierte der junge Mann an einem mächtigen Kuchen für
die Königstafel, in den er geschickt das gülden Ringlein der Prin=
zessin warf. Das Glück wollte nun, daß gerade die Prinzessin das=
jenige Stück Kuchen erhielt, welches das Ringlein barg. Darob
erstaunte die königliche Jungfrau nicht wenig, und sie hieß den, so
den Ring in den Teig gethan, im Saal erscheinen. Der Ritter kam,
und Entsetzen packte die falschen Gesellen. Die Prinzessin erhob sich
von ihrem Königsstuhl, führte ihren tapfern Retter vor ihren greisen
Vater, und der Reichsherold verkündete unter Paukengeschmetter, daß
der alte König den Gemahl seiner Tochter zu seinem Nachfolger
auserkoren habe. Die zwei verrätherischen Freunde aber wurden von
vier Pferden in Stücke zerrissen.

Der Rabe.
(In Crestas bei Trons erzählt.)

Es war einmal ein Graf von uralter Herkunft, aber von gar
geringem Vermögen. Dieser gieng eines Tages, über die Zukunft
seines einzigen, holdseligen Töchterleins sinnend, durch den Wald.
Da rief ihm von einer Eiche herab eine krächzende Stimme zu,
einen Augenblick zu verweilen. Der gute Graf schaute empor und
erblickte einen Raben mit glänzendem Gefieder. Dieser sprach zum
Grafen: „So du mir dein Töchterlein zur Frau gibst, erhältst du
des Goldes die Fülle." Dessen war der Graf wohlzufrieden, gieng
heim und führte die Tochter zum befiederten Bräutigam, der sagte
zu ihr: „Schöne Jungfrau, geht mit mir in die Kapelle meines
Schlosses, kniet hin vor dem Altar einen ganzen Tag, füllet den
bereitstehenden Krug mit Euren Thränen und begießt, wenn ich am
Abend heimkomme, damit mein Gefieder. Thut Ihr solches, ohne

den Inhalt des Kruges zu verschütten, so hat die böse Hexe, die mich in einen Raben verwandelte, keine Macht mehr über mich und vor Euch wird stehen ein junger, schmucker Ritter." Sprach's und flog von bannen, der Jungfrau durch das Dickicht den Weg zu einem fernen, prächtigen Schloß zeigend. In der Kapelle angelangt, kniete des Grafen Töchterlein hin und that, wie ihr geheißen worden. Als sie aber am Abend mit dem vollen Thränenkrug in den Hof treten wollte, um des Raben zu harren, that sie einen falschen Schritt und verschüttete einen Theil des kostbaren Inhaltes. Da schwebte der Rabe herbei und sagte, daß er mit nichten erlöst sei, und die Jungfrau ihr frommes Werk von Neuem beginnen müsse. Und die Rabenbraut erhob sich früh Morgens vom Lager und hatte mit dem sinkenden Abend das Krüglein mit ihren Thränen wieder gefüllt. Aber auch diesmal gieng es ohne ein paar verschüttete Tropfen nicht ab, und abermals kam der Rabe herbeigeflogen und ermahnte gar rührend die Weinende, doch am dritten Tag des Inhaltes zu achten, weil er sonst noch hundert Jahre als Rabe verzaubert durch die Wälder fliegen müsse. Und das Mägdlein nahm sich die guten Worte mehr als je zu Herzen, weinte bitterlich den dritten Tag hindurch, und als der dritte Abend heraufgedämmert kam, richtete sie ein kräftig Gebet zum Himmel empor und gelangte bebenden Herzens aber sichern Schrittes ohne Unfall auf den Schloßhof, wo der Rabe ihrer wartete. Dann goß sie den Inhalt des Kruges auf das glänzende Gefieder des Vogels, und vor der erröthenden Jungfrau stand auf einmal ein herrlicher Ritter, welcher ihr für seine Befreiung mit warmen Worten dankte, der künftigen Herrin die im Schlosse aufgehäuften Schätze an Gold und Edelsteinen zeigte und sie dann mit prunkendem Gefolge in die halb zerfallene Burg ihres Vaters geleitete, wo eine prachtvolle Hochzeit gefeiert wurde. Dann kehrten sie Alle in das große Schloß des jungen Fürsten zurück, um dort für viele, viele Jahre in ungetrübter Freude zu leben.

Vom Vöglein, das die Wahrheit erzählt.
(In Camplium bei Trons erzählt).

Erwacht an einem schönen Morgen ein reicher Müller ob dem Stillstehen des großen Mühlrades. Der brave Mann eilt hinab in den Mühlraum, um nach der Ursache der Störung zu sehen. Da findet er auf dem großen Rade eine schön gezimmerte Kiste und in derselben drei wunderhübsche Kindlein, zwei Knaben und ein Mädchen. Dieselben trugen goldenes Haar und ein gülden Sternlein auf der heitern Stirne. Der Müller rief seine Frau herbei, die bei dem seltenen Anblicke die Hände vor Verwunderung über den Kopf zusammenschlug, und da die beiden Leutchen ohne Kinder waren, beschlossen sie, die fremden als ihre eigenen zu pflegen und zu erziehen. So vergieng manches Jahr des Friedens, und die Kleinen wuchsen fröhlich und kräftig heran zur großen Freude der guten Pflegeeltern.

Als aber die Knaben ins zwanzigste Jahr kamen, da glaubte der Müller ihnen die volle Wahrheit sagen zu müssen, und er erzählte ihnen, wie er sie gefunden und daß sie nicht ihre, der Müllersleute, eigene Kinder seien. Die Geschwister verlangten aber zu wissen, von wannen sie kämen und wer ihnen Vater und Mutter sei, und sie bedrängten mit ihren Fragen den gutmüthigen Alten gar sehr, der ihnen endlich sagte, sie sollten die Burg aufsuchen, wo das Vöglein sei, das die Wahrheit erzähle; dort würden sie die gewünschte Auskunft erlangen. Und als der frühe Morgen kam, ritt der jüngere der beiden Knaben, ungeachtet aller Bitten und Thränen der Pflegeeltern, auf des Müllers stattlichem Rappen von bannen. Als aber Wochen und Monate vergingen, ohne daß eine Nachricht kam, da weinten die Mühlenbewohner gar heiße Thränen, und es zog an einem frühen Herbstmorgen, von den besten Segenswünschen begleitet, auf einem stolzen Braunen reitend, der ältere Bruder aus, um den Verlornen und das wunderbare Vöglein aufzusuchen. Es vergieng der Herbst, es kam der Winter, und wieder wurde es Frühling, aber von den Fernen kam keine Nachricht in die stille Bergmühle. Nun hielt sich das zur Jungfrau emporgeblühte Schwesterlein, welches sich die schönen Augen um die verschollenen Brüder schier ausgeweint hatte, nicht länger, und sie bat um das schneeweiße Pferd des Müllers, um das Brüderpaar aufzusuchen. Vergebens flehte der alternde Müller, vergebens rang die gute Müllerin die Hände, um den Liebling zurückzuhalten; eines Morgens war die treue Schwester in die Ferne geritten.

Der Weg führte sie über Wiesen und Felder, und als sie durch einen langen, finstern Wald trabte, kam ihr von ungefähr ein altes Weib entgegen und sagte zur Jungfrau, es wisse wohl, wen sie suche; auch ihre Brüder seien des gleichen Weges gegangen, um das Vöglein zu suchen, das die Wahrheit spreche und welches zu finden sei in einem funkelnden Schlosse auf dem steilen Hügel neben dem Bergsee. Allein die Brüder und mit ihnen Tausende und abermals Tausende von Rittern und Edelfräulein seien niemals zurückgekehrt, weil sie der Warnungen nicht geachtet. „Schöne Jungfrau," schloß die Alte, „wollt Ihr glücklich das Werk vollbringen und die Retterin der Verzauberten im Bergschloß werden, so geht Euren Weg und schaut Euch nicht um, was auch hinter Euch gerufen werden mag, denn wendet Ihr nach rückwärts Euer Antlitz, so werdet Ihr in einen Stein verwandelt." Die Jungfrau dankte und ritt weiter. Es gieng nicht gar lange, so kam sie an den Fuß eines steilen Berges, wo sie ihr Pferd zurücklassen mußte. Muthig stieg sie den stotzigen Pfad hinan, vor ihr auf stolzer Höhe das prächtige Zauberschloß. Da erhob sich hinter ihr ein Donner wie die Brandung des Meeres, und es wurde ihr Name gerufen von unzähligen schmeichelnden und drohenden Stimmen. Aber die Muthige schaute nicht zurück und stieg fürbaß weiter, bis sie an das Schloßthor gelangte, wo ein entsetzlicher Riese mit mächtiger Tanne in der Hand ihr den Weg versperren wollte. Aber die Jungfrau schlüpfte behende durch und entkam glücklich in das Innere des Schlosses. Durch die leeren Prunkgemächer irrend, führte sie ihr gutes Geschick in einen großen Saal, wo unzählige, reichbefiederte Vögel in goldenen und silbernen Käfigen im wunderlichsten und doch verständlichen Kauderwelsch ihr zuschrien, sie allein könnten die Wahrheit offenbaren. Nur in ei*
Ecke lag ein graues unscheinbares Vöglein in einfachem Zw*

und schwieg, die fremde Jungfrau mit seinen klugen Aeuglein anschauend. An dieses wandte sich die fast Zagende, und sie erfuhr von ihm, daß es selbst allerdings der Vogel sei, der die Wahrheit offenbare und sie ihm nun zu folgen habe. Dann giengen die beiden in den Garten; auf das Geheiß des Vogels hob die Jungfrau hart am Rand eines Springbrunnens eine Ruthe empor, mit der sie die Steinblöcke im Garten und auf dem Berge berührte. Und siehe, kaum war das Geheißene gethan, daß der Zauber wich und lebenswarme Menschen in glänzendster Hoftracht, Ritter und Damen, fröhlich die Jungfrau umstanden, in unmittelbarer Nähe aber die beiden heißgeliebten Brüder, welche die treue Schwester schluchzend umhalsten. Und vom nächsten Baum herab sang in wunderbaren Tönen das graue Vögelein die Geschichte der Geschwister: sie seien Königskinder, aber während der Abwesenheit des Vaters habe ein böser Ohm, der nach der Herrschaft trachtete, sie ausgesetzt und dem vom Kriege zurückkehrenden König die Mähre vorgelogen, es habe die Königin selbst drei Katzen geboren, weßhalb sie im Gefängniß schmachte.

Empört ob der grauenhaften That des schlimmen Oheims schworen die Brüder Rache und Sühnung für die arme Mutter, und sie brachen auf, von einem glänzenden Gefolge umringt, der Königsstadt entgegen, die Schwester voran, von den edelsten Jungfrauen geleitet. Und als sie vor das Königsschloß traten, da fanden sie, auf marmornem Stuhle sitzend, den noch stattlichen, aber kummervollen Vater und neben ihm, wie eine zischende Schlange, den aalglatten Ohm. Das Erkennen war das freudigste, und am andern Tage saß der König und sein befreites Gemahl auf dem Throne, neben ihnen die wiedergefundenen Kinder und das herbeigeholte schlichte Müllerpaar, weinend vor Lust und Freude und jubelnd begrüßt vom ganzen Hofe. Die kühne Tochter aber ist eine große Königin geworden, und die beiden Brüder, gewaltige Helden, theilten sich nach dem Tode der Eltern in das Reich und herrschten lange und glücklich.
— Den Ohm erreichte das verdiente Schicksal: er starb am Tage nach dem Wiederfinden durch Henkershand.

Von den drei Brüdern.
(In Chiltgiabira bei Trons erzählt.)

Vor vielen, vielen Jahren lebte ein König, dessen Reich sich bis an das Meer erstreckte. Als er alt und schwach und des Regierens müde wurde, da ließ er seine drei Söhne kommen und sagte ihnen, er werde demjenigen das Reich übergeben, welcher hinausgehe und binnen drei Tagen den schönsten und besten Wagen anfertige. Von den drei Söhnen aber galten die zwei ältesten für gar begabt, während man auf den jüngsten nicht gar viel hielt.

Nun begaben sich die Drei hinaus vor die Stadt, wo die zwei Aeltern den Jüngsten allein seines Weges ziehen ließen. Dieser trat in den nahen Wald und kam immer tiefer und tiefer in das Dickicht, wo er an einem Baum ermattet niedersank und dann Brod und Käse hervorholte, um sich zu erlaben. Da kam ein alter, grauer Mann, in einem weiten Mantel des Weges gegangen und bat den Königssohn um einen Imbiß. Der Jüngling gab dem Manne gerne, was er hatte und sah freudig zu, wie die rauhe Kost dem Alten schmeckte. Als dieser sich satt gegessen, sprach er zum Königssohne: „Ich kenne deine Noth, und ich will dir helfen. Lege dich inzwischen hin und schlafe, bis ich dich wecke." Der junge Mann schlief lange, und als er erwachte, war der Alte verschwunden; vor ihm aber stund der bequemste und prächtigste Wagen, den man sich nur denken kann. Diesen zog er nun in die Stadt und trat damit vor den König; vor dessen Thron aber standen die zwei andern Brüder, die aber kaum ein Rad, geschweige denn den ganzen Wagen verfertigt hatten. Der Vater aber lobte den Dummen gar sehr und wollte ihm das Reich zuerkennen; allein die beiden andern Söhne baten und flehten so lange, bis der alte König eine zweite Probe erlaubte und jedem der Söhne einen Hanfstrang überreichte mit der Meldung, daß derjenige das Reich erhalten werde, welcher dem Hanfe das feinste Gespinn abgewinne. Wieder giengen die drei Brüder hinaus, dieses Mal jeder seines Weges. Der Jüngste gieng wieder in den Wald, war aber gar betrübt und setzte sich an einen Teich nieder, um sich auszuweinen. Da kam ein Fröschlein aus dem Wasser gehüpft und

frug ihn nach der Ursache seines Kummers. So das Fröschlein die
Leidensgeschichte des Prinzen erfahren, hieß es ihn guten Muthes
sein und den Hanfstrang frisch in den Teich werfen. Das that der
Königssohn, worauf ihn der Schlaf übermannte. Nach vielen, vielen
Stunden wachte er auf, rieb sich die Augen und war nicht wenig
erstaunt, als er das wundersamste goldene Gespinnst sah, das man
sich nur denken kann. Dieses nahm der Königssohn und gieng in
das Haus seines Vaters. Seine Brüder hatten zwar auch hübschen
Faden gebracht, aber mit dem goldenen des Jüngsten war er gar
nicht zu vergleichen. Wieder wollte der Vater diesem den Preis zu=
erkennen, und wieder gab er den Bitten der ältern Brüder nach,
doch eine dritte und letzte Probe zu erlauben. Da schwur der alte
König bei seinem Barte, daß derjenige seiner drei Söhne das Reich
erben sollte, der ihm die schönste Schwiegertochter zuführte. Mit
diesem Bescheid giengen die Prinzen gleichzeitig aus drei verschiedenen
Thoren zur Stadt hinaus auf das Feld. Der Jüngste besann sich
nicht lange und schritt rüstig dem Walde und dem Teiche zu. Dort
angelangt, rief er nach dem Fröschlein, welches alsobald kam und
nach seinem Begehren frug. Der Prinz theilte sein Anliegen mit,
worauf das Fröschlein sagte: „Küsse mich auf das Mäulchen und
vertraue mir." Der Knabe that, wie ihm befohlen, und eh' er sich's
versah, hatte sich das Fröschlein in die schönste, minnigste Maid
verwandelt. Mit dieser zog er zu Hofe, und weil seine Braut die
der Brüder an Schönheit weit übertraf, erhielt er des Vaters Reich
und lebte mit seiner Frau herrlich und in Freuden.

Der Bärensohn.
(In Campobials bei Somvir erzählt.)

Es giengen einmal ein Bauer und seine Frau auf das Feld,
um das Heu zu sammeln. Am Rande des Waldes legte die Frau
ein Körbchen nieder, in welchem ein gesundes Knäblein schlief, und
gieng ihrer Arbeit nach. Als es gegen Abend gieng, kam die Mutter
wieder und wollte ihr Kind holen; aber es war nirgends zu finden.
In der Angst ihres Herzens lief die arme Frau zu ihrem Manne

und erzählte ihm, was geschehen. Der Bauer aber sprach ganz ruhig: „Den Buben hat der Bär geholt, den finden wir nimmer." Die Beiden suchten zwar den Wald die Kreuz und die Quere aus, aber ohne Erfolg und giengen betrübt nach Hause. Das Knäbchen hatte aber wirklich der Bär geholt, oder vielmehr die Bärin, die den armen Wurm sorgfältig säugte und pflegte.

Nach fünf Jahren führte die Bärenmutter den Knaben zu einer mächtigen Tanne und hieß ihn den Baum aus der Erde herausreißen. Das gieng aber über die Kräfte des Buben, der wieder der Bärin folgen mußte, die ihn neuerdings säugte und pflegte. Als abermals fünf Jahre verflossen waren, sollte der Knabe wieder die Tanne entwurzeln; allein es gieng wieder nicht. Als er aber zwanzig Jahre alt wurde, da riß der Bärensohn die stärkste Waldtanne, als wenn sie ein Strohhalm wäre, sammt den Wurzeln aus dem Boden heraus. Da lachte die Bärin, daß es im Forste wiederhallte und sagte zu dem Knaben, er möchte jetzt nach Hause gehen und seine Eltern aufsuchen. Das that der junge Mann.

Im Vaterhause angekommen, frug er die Mutter, die am Herde saß und ihn nicht erkannte, ob sie nicht Etwas habe, um seinen Hunger zu stillen. Auf die bejahende Antwort gieng der Starke in die Brodkammer und verzehrte den ganzen reichen Brodvorrath. Um seinen Durst zu löschen, stieg er hinab in den Keller, faßte das größte Stückfaß mit den Händen, brachte das Spundloch an den Mund und leerte den gewaltigen Inhalt in Einem Zuge aus. Darob erschrack die gute Frau und gab dem Manne zu verstehen, daß sie einen solchen Gast nicht im Hause brauchen könne. Da schwoll dem jungen Manne die Zornader an der Stirne; er stieg hinauf auf die höchsten Berggipfel und kam mit Gemsen schwer beladen in die Hütte seiner Eltern zurück. Das sei der Lohn für das Empfangene, sprach der Unheimliche und gieng grollend von bannen, ohne sich zu erkennen zu geben. In einem fernen Lande verdingte er sich als Knecht und verlangte von seinem Herrn keinen andern Lohn als den, nach abgelaufenem Dienstjahre dem Brodherrn Streiche versetzen zu dürfen. Damit war der reiche Bauer wohl zufrieden, denn er kannte die Stärke seines neuen Knechtes nicht. Als er aber sah, wie sein

Dienstmann mit einem einzigen Faustschlage den stärksten Ochsen
niederwarf, da faßte ihn ein geheimer Schauer, und er beschloß bei
sich selbst, den Knecht mit übermenschlichen Arbeiten zu erdrücken.
So sandte der Bauer den Bärensohn in die Hölle, um dort gemah=
lenes Mehl in Empfang zu nehmen, und gab ihm eine ganze Ladung
Säcke mit. Der Knecht aber lachte höhnisch auf, schlug zwei Ochsen
nieder, zog ihnen die Haut ab, nähte sie zusammen und stieg getrost
hinab in den Höllenschlund. Dort stieß er auf eine Schaar von
gehörnten Unholden und brachte diesen sein Anliegen vor. Da lachten
die Teufel ob dem dummen Gesellen und sagten ihm, sie hätten
kein Mehl bereit für seinen Herrn. Aber der Starke verstand keinen
Spaß und ließ seine Faust so lange auf die Schädel der Teufel
niederfallen, bis sie ihm das Gewünschte herbeiholten. Damit belastet,
kam er zu seinem Herrn zurück und gab ihm den Rath, für die
Zukunft sich eine bequemere Mühle aufzusuchen. Dem Dienstherrn
ward es dabei immer unheimlicher, und er schickte den Knecht zum
zweitenmale in die Hölle, um vom Belzebub die Zinse seiner Kapi=
talien zu erheben, in der Hoffnung, auf diesem Wege vom Bären=
sohn auf immer befreit zu werden. Er aber gieng und kam mit dem
Gelde, und da das Dienstjahr just herum war, versetzte er dem
Bauer einen Stoß, daß der sieben Meilen weit wegflog.

Das ist die Geschichte vom Bärensohn.

Vom Mägdlein ohne Arme.
(In Rinkenberg bei Trons erzählt.)

In einem kleinen Häuschen vor dem Dorfe lebte einst ein bitter=
armes Ehepaar, welches sich und das einzige Töchterlein kaum zu
ernähren vermochte. Als gerade die Noth am größten war, kam eines
Tages ein fremder Herr in einem grünen Rocke in die Hütte und
sagte den guten Leuten, er wolle für das Töchterlein sorgen, wenn
die Eltern ihm dasselbe nach 12 Jahren zu eigen geben wollten.
Diesen Vorschlag nahm der Vater gerne an und schmunzelte zufrieden,
als der Fremde ihm einen Beutel voll Gold mit den Worten über=
reichte, es werde sich derselbe nach Wunsch immer wieder füllen. In

dem Augenblicke aber, wo der fremde Mann die Stube verließ, gewahrte der Vater mit Entsetzen, daß Jener Pferdefüße hatte, und er wußte nun, daß er seine Tochter dem Teufel verschrieben.

Inzwischen wuchs das Töchterlein fröhlich heran, des schlimmen Schicksals unbewußt. Und nach 12 Jahren kam der Grüne von damals und forderte die Tochter. Als das unschuldige Mägdlein aber zu ihm hintrat, merkte er wohl, daß es sich gewaschen und bekreuzt hatte, so daß er ihm nichts anhaben konnte, weßwegen er zum Vater sagte, er solle, ehe das Kind sich waschen und bekreuzen könne, ihm beide Arme abschlagen und es an einen Baum im Walde binden. Am andern Morgen aber stund die Tochter noch vor Sonnenaufgang auf und wusch und bekreuzte sich nach alter, frommer Sitte. Der Vater, von Habsucht geplagt, that inzwischen, was ihn der Grüne geheißen und führte das arme, verstümmelte Kind hinaus in den Wald. Der Teufel kam, aber er hatte wieder keine Gewalt über sein Opfer. Die Jungfrau wäre indessen elendiglich verschmachtet, wenn nicht ein Königssohn des Weges geritten wäre und sich der frommen Jungfrau ob ihrer wunderbaren Schönheit erbarmt hätte. Er löste ihre Bande, setzte sie auf sein Roß und ritt mit ihr in das Schloß seines Vaters. Da dieser just den einzigen Sohn gerne vermählt gesehen hätte, dieser aber die fremde Jungfrau ohne Arme zur Frau wollte, so willigte der gute alte König, von der Anmuth der Fremden bezaubert, ein, und so ward die Hochzeit mit großer Pracht gefeiert. Das junge Paar lebte glückliche Tage, bis der Königssohn in den Krieg ziehen mußte. Nach einigen Wochen ritt indessen ein Edelknabe aus dem Thore des Königsschlosses dem Lager zu mit der frohen Mähre, daß die junge Fürstin eines Zwillingspaares genesen sei. Im Walde begegnete dem Boten eine Hexe, die mit ihren bösen Blicken das Schreiben verzauberte, so daß der Prinz mit Entsetzen die Mähre zu lesen bekam, daß ihm seine Frau zwei Katzen geboren habe. Ergrimmt gab er den Befehl, die Fürstin mit ihrer Mißgeburt in den Wald hinauszustoßen. Mit Kopfschütteln vernahm man im Königsschlosse den seltsamen Befehl, aber Niemand wagte eine Einrede, und so ward die arme Fürstin mit ihren Kindern in die Wildniß hinausgestoßen.

Lange irrte sie weinend umher, bis sie zu einem Brunnen kam, wo sie ihren Durst löschen wollte. Da fiel das eine Kind plötzlich ins Wasser, die Mutter griff mit den Armstumpfen darnach und holte das Kind wieder heraus. Die Arme waren ihr wieder gewachsen, das hatte der Zauberquell gethan. Glückselig ob der Heilung schaute die Fürstin empor zum Himmel, und die Augen wieder zur Erde wendend, erblickte sie in nächster Nähe ein prachtvolles Schloß mit hellglänzenden Fenstern. Sie trat mit ihren Kindern in die Hallen und fand, was nur das Herz begehren kann, nur keine Menschen, d. h. sie ward von unsichtbaren Händen bedient, wie es einer Königstochter ziemt. Hier lebte sie sieben Jahre lang, täglich des Gemahles harrend. Dieser war inzwischen vom siegreich bestandenen Kriege zurückgekehrt, und als er die Wahrheit vernommen, mit seinen Rittern in die weite Welt gezogen, um die so ungerecht bestrafte und heißgeliebte Gemahlin aufzusuchen. Nach langem Irren kam er endlich allein in den Zauberwald und fand sein Weib und seine Kinder wieder. Er stieß ins Horn, daß es, weithin schallend, sein glänzendes Rittergefolge herbeirief, welches der wiedergefundenen Herrin huldigte. Dann verließen Alle in fröhlichster Stimmung die stille Stätte. Als aber die Fürstin mit dankendem Blicke noch einmal zurückschaute, war das Zauberschloß verschwunden, und es stand an seiner Stelle eine Dornhecke.

Das Katzenschloß.
(In Darvella bei Trons erzählt.)

An einem Sommerabend ritt ein Rittersmann durch einen Wald. Im tiefsten Dickicht war er vom Pferde gestiegen, um an einer rauschenden Quelle zu rasten. Da stund plötzlich vor ihm ein Schwarm grauer Katzen. Das wunderliche Volk miaute und schrie, und wies nach einem halbverborgenen Pfade, daß der Ritter, sein Roß führend, folgen mußte. Voran hüpften und tanzten und sprangen die grauen Thiere, den Weg zeigend und dem ernsten Manne ein leises Lächeln entlockend. Die sonderbaren Wegweiser giengen und hüpften durch Gestrüpp und Gesträuch, bis Ritter, Roß und Katzen vor ein schimmerndes Schloß auf grünem Hügel kamen. Mit lächerlichen Geberden hieß der Katzentroß den fremden Mann in die weiten Hallen treten. Dieser band sein Pferd an eine Säule von Marmelstein und gelangte, stets von Katzen geleitet, in einen hohen Saal, wo auf prächtigem Throne zwei wunderschöne Katzen lagen, eine weiße und eine schwarze, welchen die übrigen Thiere mit den Zeichen unverkennbarer Huldigung nahten. Der Ritter wollte die seltsamen Inhaber des Schlosses anreden; denn er merkte wohl, daß hier etwas Besonderes vorgieng; allein ehe er sich's versah, befand er sich in einem andern prunkvollen Gemache, wo ein auserlesenes Nachtessen seiner harrte. Er aß und trank sich an den herrlichen Speisen und an den dunkelrothen und goldhellen Weinen satt und suchte Ruhe auf einem seidenen Bette im nahen Prunkzimmer, wo er bald den Schlaf des Gerechten schlief. Es gieng aber nicht lange, da zupfte Etwas an der seidenen Decke, und als der Ritter wach wurde, sprach die schwarze Katze zu ihm folgendermaßen: „Vor einigen Jahren war ich ein mächtiger Fürst, die weiße Katze meine Tochter und die grauen Katzen mein Hof. Da kam ein böser Zauberer, dem ich nicht zu Willen gewesen, und der verwandelte uns Alle in Katzen. So Ihr aber den Muth habt, diese Nacht auf jenen Hügel zu steigen, wo die drei goldenen Kreuze blinken, die Zauberwurzel am Fuße des mittleren Kreuzes herunterzuholen und mich und meine Tochter und mein Gesinde damit zu berühren, so werdet Ihr uns Alle befreien, und Ihr sollt meine Tochter zur Frau haben und mit ihr herrschen über mein Volk. Vor Gefahren aber warne ich Euch."

Der Ritter besann sich nicht lange, griff nach seinem Schwert und zog voll Gottvertrauen hinaus in die dunkle Nacht. Als er aber den Berg zu besteigen begann, da hub ein Geheul an, wie wenn die Hölle ihre Thore aufthäte; es sauste und krachte durch die Lüfte, aus den Ritzen stiegen Schreckensgestalten empor, Blitze schlugen nieder; aber der Ritter verfolgte unbekümmert seinen Weg. Er erreichte die Höhe, wo die drei Kreuze stunden und brach mit muthiger Hand die Zauberwurzel, während der Berg in seinen tiefsten Tiefen erbebte. Als er wieder zu Thale stieg, war aller Spuck verschwunden, und vor dem Thore des Schlosses harrte seiner der

Katzenfürst und seine Vasallen. Diese berührte er mit der Zauber=
wurzel, und im nämlichen Augenblicke strömte ein Lichtmeer durch
den Palast, einen prachtvollen Hofstaat beleuchtend, auf dem Throne
einen königlichen Greis, neben ihm die anmuthigste Prinzessin und
im weiten Kreise Ritter und Edeldamen in reichster Hoftracht. Da
winkte der König dem Ritter heran, legte die Hand der erglühenden
Tochter in die seinige, und der Festlichkeiten war kein Ende.

„Bohne, Bohne, ich schneide dich!"
(In Darbin bei Brigels erzählt.)

Drei Brüder, armer Leute Kinder, giengen in die Fremde, um
sich ihr Brod zu verdienen. Als sie in einen Wald kamen, wo sich
drei Wege schieden, da giengen die zwei älteren Brüder gen Norden,
der jüngste aber gen Osten. Vorher hatten sie drei Kreuze in eine
Eiche geschnitten und sich gelobt, nach Jahresfrist wieder am näm=
lichen Orte zusammenzukommen. Der jüngste der Brüder kam immer
tiefer in den Wald und kam zu einer Hütte, wo eine alte Frau war.
Diese frug er, ob sie nicht Arbeit für ihn habe, und als diese es
bejahte, blieb er. Seine Arbeit bestand aber darin, daß er zwei
graue Katzen und zwei weiße Enten zu füttern hatte. Als das Jahr
herum war, erinnerte sich der Jüngling seines Versprechens und
verlangte von der alten Frau seinen Lohn. Diese gab ihm eine
Bohne und entließ ihn. Dem Jüngling dünkte die Gabe wohl gering,
aber er murrte nicht und gieng vergnügt von dannen. Auf dem Wege
überkam ihn einmal die Lust, die Bohne zu zerschneiden, und schon
wollte er sein Vorhaben mit den Worten ausführen: „Bohne, Bohne,
ich schneide dich," als die Bohne gar rührend zu bitten anfieng:
„Lieber Knabe, schneid mich nicht, ich will thun, was du verlangst."
Das ließ sich der Knabe nicht zweimal sagen und wünschte sich ein
Tischtuch, das die besten Speisen hervorbringe. Und kaum gesagt,
so war es auch gethan. Ein Tisch stund vor ihm, darüber gebreitet
ein Tischtuch und darauf die besten Speisen: Schinken, gedörrtes
Fleisch, Rahm, Reis, Kastanien, vor Allem aber in geschliffenen
Flaschen der rothe Veltliner.

Zufrieden, wie ein König, kam der Jüngling an den verabredeten Ort, wo die andern Brüder schon seiner harrten. Diese hatten sich in der Fremde ein schönes Stück Geld verdient und frugen nun den Jüngsten, was er nach Hause bringe. Dieser zeigte seine Bohne, worüber die Brüder ein unmäßiges Gelächter anhuben. Da sprach aber der Jüngling: „Tischlein, decke dich," und das Tischlein deckte sich, daß es sich unter der Last der Speisen und Getränke bog. Das Experiment gefiel den Brüdern gar wohl, und sie aßen und tranken weidlich, meinten aber, daß man mit Essen und Trinken allein nicht leben könne. Da sagte der Bursche zu seiner Bohne: „Bohne, Bohne, ich schneide dich." Die Bohne aber bat wieder gar rührend und versprach zu thun, was er verlange. Und der Knabe wünschte sich einen Esel, der Gold von sich gebe. Und was er gewünscht, das war im Nu geschehen. Das erregte der Brüder Neid; sie wollten auch ihr Glück bei der Bohne versuchen und sagten das Sprüchlein her; aber es half ihnen nichts, die Bohne blieb stumm. Da schlossen sie mit dem jüngsten Bruder Frieden und giengen mit Tischtuch und Esel zusammen nach Hause zu den armen, alten Eltern und wurden reiche Leute.

Vom Brode und von den drei guten Rathschlägen.
(In Titraun bei Trons erzählt.)

In einem großen Dorfe lebte ein Ehepaar, welches so arm war, daß der Mann in die Fremde ziehen mußte, um sein Brod zu verdienen.

Weit von seinem Heimathdorfe fand er einen Dienst bei einem alten, guten Manne, bei welchem er sieben Jahre lang blieb. Als diese verflossen waren, und den Mann die Sehnsucht nach seinem fernen Weibe ergriff, bat er um seinen Abschied und um den Lohn. Sein Herr entließ ihn mit freundlichen Worten, gab ihm ein Brod in die Hand und ertheilte ihm die drei folgenden Rathschläge: er solle nie murren, nie von der rechten Straße abweichen und sich vor Handlungen im Zorne hüten.

Unser Freund gieng dankend seines Weges und kam gegen Abend in ein Wirthshaus im Walde, wo man die Gäste in Todtenschädeln bediente. Das dünkte dem Manne sonderbar, und er war eben im Begriffe, den Wirth über seine eigenthümliche Bedienung zur Rede zu stellen, als ihm der erste Rath seines Herrn einfiel und er ruhig in sein Bett gieng. Am andern Morgen weckte ihn der Wirth und sagte ihm, er habe durch sein bescheidenes Schweigen, ungeachtet ihm diese Schädelwirthschaft aufgefallen sein müsse, alle diejenigen Gäste erlöst, welche darüber gemurrt. Nach diesen Worten führte der Wirth unsern Mann in den Keller, öffnete die Thüren und ließ unzählige Verzauberte heraus, welche ihren Retter fast mit ihrem Dank erdrückten. Darauf verließ die ganze Gesellschaft das unheimliche Wirthshaus und gieng fröhlich weiter. Da kamen sie zu einem Scheidewege, wo die Befreiten den alten Weg aufgeben und den neuen einschlagen wollten. Eingedenk des zweiten Rathschlages seines alten Herrn widerrieth das aber unser Mann und gieng, als die Andern ihm nicht folgen wollten, den alten Weg fürbaß. Und wahrlich zu seinem Glück; denn im nächsten Städtchen erfuhr er, daß seine Begleiter von einer Räuberbande entweder versprengt oder erschlagen worden seien. Zufrieden mit seinem Schicksal, setzte unser Mann seine Reise fort und kam bei Nacht in sein Heimathdorf vor seine Hütte, aus deren Fenstern aber voller Lichtschein drang. Darob verwundert, blickte er in das Wohnzimmer und sah, wie seine Frau einen jungen, schönen Mann herzte und küßte. Dieser Anblick erweckte in ihm die Geister der Eifersucht, und er griff schon nach dem Messer, um seine vermeintlich geschändete Ehre zu rächen, als ihm der dritte und letzte Rath des einstigen Dienstherrn einfiel, ja nicht im Zorne zu handeln und er sich ruhig ins Wirthshaus begab, um über sein Weib Erkundigungen einzuziehen. Dort erfuhr er auch den wahren Sachverhalt, daß nämlich jener junge Mann sein eigener Sohn sei, der am andern Morgen die erste heilige Messe lesen werde. Beruhigt gieng der Mann zur Ruhe, stund frühzeitig auf und nahm unerkannt am Ehrentage seines Sohnes Theil, bis er am Abend im Hause erschien und von seinem Weibe, seinem Kinde und allen Gästen aufs Liebreichste empfangen wurde. Nach genossenem Nachtmahle schnitt der Vater das Brod seines ehemaligen Dienstherrn auf und heraus fiel ein Regen von Gold und Edelsteinen, daß die Familie die reichste wurde weit und breit im ganzen Lande.

Der Habersack.
(In Laus bei Somvir erzählt.)

An einem heißen Sommertag gieng ein armer, alter Soldat auf der Landstraße, trug einen Habersack auf dem Rücken und als ganzes Vermögen sechs Kreuzer in der Tasche, drei für den Branntwein und drei für das Brod.

Da begegnete ihm ein gar armseliger Mensch, der um eine Gabe flehte. Unser Soldat, der ein gutes Herz hatte, gab dem Armen ohne Bedenken die Hälfte seines Geldes und gieng weiter. Im Walde begegnete ihm aber eine andere noch traurigere Gestalt, die ebenfalls um eine Gabe flehte. Der Krieger gab seinen letzten Kreuzer und wollte weiter ziehen, als der vermeintliche Bettler sprach: „Der Erste, dem du eine Gabe gegeben, war der heilige Petrus, ich aber, ich bin der Herr, und du kannst dir die Gnade erbitten, die dir behagt." Da lachte der alte Krieger in den grauen Bart und antwortete: „Topp, Herr, Hand darauf! So ich wünsche, daß Jemand in meinem Habersack sei, soll es geschehen." „Es sei," sprach der Herr und verschwand. Am Abend kam unser Soldat in ein großes, menschenleeres Schloß, in welchem er aber ein prächtiges Essen gerüstet fand, das er sich mit Behagen schmecken ließ; dann sank er auf ein Ruhebett und schnarchte wie ein Bär. Um Mitternacht aber zupfte ihn Jemand an seinem Barte, daß er ärgerlich ausrief: „Ei, wärest du in meinem Habersack," worauf er weiter schlief. Als unser Held nach alter Gewohnheit mit dem ersten Morgenstrahl sich von seinem Lager erhob und nach seinem Habersack griff, war er bedeutend angeschwollen. Allein der Soldat machte sich nichts daraus und begab sich in die Schmiede, welche er vom Schlosse aus gesehen hatte, und erzählte dem Schmied, wo er die Nacht zugebracht. Darob ward derselbe nicht wenig erstaunt und erzählte dem Krieger, daß er in einem Zauberschloß gewesen sei und Gott danken könne, daß ihn kein Unfall betroffen habe. Da erinnerte sich der Soldat seines angeschwollenen Habersackes, legte diesen auf den Amboß und bat den Schmied, der ein gewaltiger Geselle war, lustig darauf loszuschlagen, bis Alles wieder platt geworden. Das that der Schmied gerne und schwang den großen Hammer, daß der alte Soldat vor Vergnügen auflachte. Als die Beiden aber den Sack öffneten, fanden sie in demselben einen armen, plattgedrückten Teufel, der stöhnend und hinkend von dannen lief.

Nach Jahr und Tag und nach manchem Schabernack starb der Soldat und kam vor das Himmelsthor, wo ihn aber der gestrenge heilige Petrus wegen seiner vielen auf Erden begangenen Sünden abwies, worauf dann unser Krieger unbekümmert den Weg zur Hölle einschlug. Als er aber vor das Gitter der Hölle kam und Einlaß begehrte, da schrie ein plattgedrückter Teufel dem Wachthabenden zu: „Den laß nicht herein, sonst drückt er uns Alle platt," und die Thüre wurde unserm Freund vor die Nase zugeschlagen. Das gefiel aber unserm Kriegshelden weniger; er lief spornstreichs wieder gen Himmel und verlangte zum zweiten Mal Einlaß. Der heilige Petrus war aber wieder nicht zu bewegen, so sehr auch der Alte fluchte und tobte. Schon wollte der Himmelswächter das Thor auf immerdar schließen, als sich der Soldat noch im rechten Augenblick seines Habersackes erinnerte, denselben rasch in den Himmelsraum warf und sich selbst hineinwünschte, und wie er gewünscht, ist es geschehen, und unser Soldat marschirt wacker durch die große himmlische Kaserne und ist selber ein großer Heiliger geworden.

Vom Vögelein, das goldene Eier legte.
(In Disla bei Disentis erzählt.)

Nicht weit von einer großen Stadt lebte ein Besenmacher, welcher mit Mühe und Noth seine Frau und zwei Knaben zu ernähren vermochte. Diese giengen eines Tages in den Wald, um Nester zu suchen und fanden zu ihrem großen Erstaunen eines, in welchem ein Vöglein saß, das goldene Eier legte. Darüber freuten sich die Knaben gar sehr, nahmen Eier, Vogel und Nest und eilten nach Hause zu ihrem Vater, dem sie den gefundenen Schatz zeigten. Der gute Mann gieng zum Goldarbeiter im Dorfe, welcher die Eier besah, und ihm erklärte, daß er ihn und seine ganze Familie erhalten wolle, wenn der Besenmacher ihm das Böglein abtrete. Dessen war Jener wohl zufrieden und sie zogen alle in das Haus des Goldschmieds, wo sie eine Zeit lang die besten Tage hatten.

Das Böglein aber legte täglich ein goldenes Ei. Einmal hörte der Goldschmied, wie das gute Thierchen sang: „Wer mein Hirn ißt, der wird König und wer mein Herz verspeist, der erhält täglich 100 Dukaten." Kaum hatte der gierige Schmied diese Worte gehört, daß er das Böglein tödtete und es zum Braten in die Pfanne legte. Während er aber auf einen Augenblick hinaus gegangen war, kamen die zwei Knaben des Besenmachers in die Küche, rochen den Braten und verzehrten denselben zusammen, so daß der Jüngere das Hirn, der Aeltere das Herz zu verzehren bekam. Als der Goldschmied wieder in die Küche trat und das Böglein verschwunden sah, gerieth er in große Wuth und jagte die ganze Familie fort, wodurch diese wieder in das größte Elend gerieth.

So mußten sich die Brüder entschließen, in die Fremde zu reisen, um die Eltern zu unterstützen. So kamen sie zu einem Scheidewege, mitten im Walde, bei welchem der Jüngere ostwärts, der Aeltere südwärts zog. Der Jüngere kam nach langem Marsche in die Hauptstadt des Reiches, wo soeben der König gestorben und von den Großen des Reiches die Vereinbarung getroffen worden war, daß derjenige König werden sollte, der hoch zu Roß zuerst in der Frühe des folgenden Morgens den heiligen Hügel vor der Stadt erreichte. Der junge Mann, welcher kräftig und schön aussah, erhielt ebenfalls ein Pferd und durfte sich am Wettrennen betheiligen. Das Glück war ihm hold, er sprengte wie ein alter Reiter den Hügel hinan, blieb Sieger und wurde noch desselbigen Tages zum Könige gekrönt und ausgerufen. Er ließ seine Eltern sogleich zu sich kommen, ward ein großer Fürst und Held und regierte lange und glückliche Jahre.

Der ältere Bruder aber hielt sich in der ersten Nacht in einem großen Gasthofe an der Heerstraße auf, und als er am andern

Morgen erwachte, fand er einen großen Geldbeutel vor sich liegen mit vollgültigen hundert Dukaten. Da sich nun das Wunder täglich wiederholte, heirathete er die wunderschöne und reiche Wirthstochter, und zog mit ihr an den Hof seines Bruders, wo er zum Ritter des Reiches geschlagen wurde.

Von den zwei Freunden.
(In Schlans erzählt.)

Es war einst ein König, der hatte zwei wunderbar schöne Töchter. Da er aber wollte, daß sie unvermählt blieben, ließ er ein prachtvolles Schloß mitten in einem dunklen See bauen und die Ufer mit gewaltigen Mauern umgeben, so daß Niemand zu den Königstöchtern gelangen konnte.

In einer finstern Nacht aber rauschte eine herrliche Männergestalt empor aus den Wellen und verblieb eine Nacht im Schlosse. Nach neun Monaten aber klapperten die Störche ob den Zinnen der Seeburg und brachten den zwei Prinzessinnen zwei wunderschöne Knaben, die sich seltsamerweise so glichen, wie ein Ei dem andern. Das war eine große Verlegenheit für die königlichen Jungfrauen und sie baten die Bauersfrau, welche ihnen täglich das Essen brachte, ihnen doch noch mehr Speisen zu verschaffen, da sie gar gewaltigen Hunger hätten.

Als die Knaben acht Jahre alt wurden, ließen die beiden Königstöchter den Vater ersuchen, ihnen doch grünes Tuch und zwei Bogen mit Pfeilen zu senden, um sich als Jägerinnen zu kleiden und auf kleine Vögel zu schießen.

Der Vater entsprach dem Wunsche der Töchter, sandte prachtvolle grüne Tücher und zwei Bogen von Gold mit weithintreffenden Pfeilen. Die beiden Mütter lehrten nun ihre Knaben die lieblich singenden Vögel schießen, in stiller mondbescheinter Mitternacht in den Wassern des Sees schwimmen und kleideten sie mit dem grünen, goldburchwirkten Tuche. Nach Jahr und Tag sagten die Mütter zu den beiden Knaben, sie sollten nun in die Welt hinausgehen, um ihr Glück zu versuchen, den Namen Derer aber, die sie geboren, nicht nennen.

Und zum Andenken gaben sie den Jünglingen je ein Schwert mit goldenem Griff. In mondheller Sommernacht schwammen die Knaben durch den See, erklommen die Ringmauer und gingen Hand in Hand durch die schweigende Nacht, bis sie zu einem Scheidewege im tiefsten Walde kamen, wo sie sich zu trennen beschlossen. Neben einer uralten Eiche pflanzte der Eine sein Schwert in die Erde, und schwuren sich beide, nach Jahresfrist wieder bei der Eiche zusammen zu treffen, uud sollte der Eine oder der Andere nicht kommen, so habe der Erschienene nicht eher zu rasten, bis er den Freund und Blutsverwandten gefuuden. So schieden sie mit Händedruck und der Eine gieng links, der Andere rechts. Der so den Weg rechts eingeschlagen, erreichte nach einigen Tagen eine große glänzende Stadt, in welcher tiefe Trauer herrschte. Er frug nach der Ursache und erfuhr, daß ein scheußlicher Drache die Tochter des Königs geholt und daß derjenige die Hand der Jungfrau und das Reich erhalten würde, der sie von jenem Ungethüm befreie. Dem jungen Ritter schwoll das Herz ob jener Mähre und er beschloß den Strauß zu wagen. Von den Segenswünschen des Hofes begleitet, ging er hinaus, wo der Drache hauste, empfahl seine Seele Gott und sandte dem Ungeheuer aus seinem goldenen Bogen einen Pfeil in den Rachen, daß Jenes stöhnend erlag. Darob war gar große Freude im Lande und der junge Ritter erhielt die Hand der jungen Königstochter und das Regiment über Land und Leute. Eines Tages überkam ihn aber eine wilde Jagdlust und mochte die besorgte Gattin einwenden, was sie wollte, er gieng früh Morgens in den nahen Wald, die lieblich singenden Vögel zu schießen. Im Dickicht begegnete ihm ein altes Weib, welches ihn bat, einen Ring zu suchen, den sie verloren habe. Während der Fürst, um ihr den Dienst zu leisten, sein Haupt zur Erde gebeugt hatte, strich das Weib, welches eine arge Zauberin war, dem jungen Mann über die goldenen Locken und verwandelte ihn in einen schwarzen Marmorstein.

Als das Jahr herum war, kam des Verzauberten Vetter zur Eiche, bei der das Schwert stund. Dieses aber war rostig, und das bedeutete Unglück für den, so nicht erschienen war. Ohne Säumen machte sich der Ritter auf, um den Freund zu suchen, und so kam er in die Stadt, wo seiner Muhme Sohn König gewesen. Dort empfing man ihn mit Jubel, denn man hielt ihn für den verlornen Fürsten und führte ihn im Triumph hinauf in die Königsburg, wo die weinende Königin den vermeintlichen Gemahl an ihr Herz preßte. Der Ritter aber legte des Nachts sein Schwert zwischen sich und Jene. Mit dem Frühroth erhob er sich vom Lager und gieng hinaus zur Jagd, ungeachtet der Thränen seiner schönen Base. Im Walde angekommen, begegnete auch ihm jenes tückische Zauberweib und bat ihn, einen verlornen Ring zu suchen. Der Ritter aber war klug und erkannte in der Here die Zauberin, welche seinen Freund in den schwarzen Marmorstein verwandelt. Er drohte ihr mit dem Schwerte und schwur, ihr das Haupt vom Rumpfe zu trennen, wenn sie nicht den Freund von seinem Zauber befreie. Das böse Weib aber hatte über den Jüngling keine Macht und mußte ihm willfahren. Sie gab ihm eine Ruthe, welche die Kraft hatte, zu entzaubern. Damit schlug der Jüngling auf den nächsten Marmorstein und dann auf viele andere, die umher lagen und bald lagen sich die Freunde in den Armen und um sie schaarten sich Ritter ohne Zahl, die jene Ruthe vom Zauber befreit. Und freudig zogen sie alle in die Königs=stadt, wo ihre Tage in ungestörter Ruhe verflossen. Der tapfere Vetter aber ward des Reiches Feldhauptmann und warf alle Feinde nieder.

Von den drei goldenen Schlüsseln.
(In Surrhein bei Somvir erzählt.)

Drei arme Brüder gingen hinaus in die weite Welt, um Schätze zu suchen und trennten sich vor den Thoren der Stadt. Der Aelteste gelangte in ein ödes Gebirg, wo er eine Fee fand, die ihn in ihren Dienst nahm. Diese bewohnte ein marmor'nes Schloß auf granitenem Grunde.

Als ein Jahr verflossen war, sagte die Fee zum ältesten der drei Brüder: „Ich muß fort und komme eine lange Zeit nicht. Inzwischen aber bist du der Hüter meines Schlosses und dir übergebe ich die drei goldenen Schlüssel zu den drei verschlossenen Zimmern. Das Zimmer rechts und das Zimmer links darfst du öffnen, nicht aber, so dir dein Leben lieb ist, das Zimmer in der Mitte, in welchem alle Herrlichkeiten der Welt liegen. Sprach's und verschwand. Und der junge Mann öffnete die Thüre links und erschaute des rothen Goldes die Fülle. Dann öffnete er die Thüre zum Zimmer rechts und wich zurück, geblendet von smaragdenem Glanze. Vor der Thüre in der Mitte aber blieb er bebend stehen, den Kampf kämpfend zwischen Pflicht und Neugierde. Die letztere siegte; er öffnete das Thor und ihn umblitzte in unbeschreiblicher Pracht alle Herrlichkeit der Welt. Kaum aber hatte sein Auge gesehen, was zu sehen dem Menschen nicht vergönnt, da fühlte er seine Glieder erlahmen und erkalten und er verwandelte sich in einen schwarzen Marmorstein.

Nach Jahr und Tag kam der zweite Bruder des Weges gegangen, trat ebenfalls in den Dienst der Fee, erhielt die drei goldenen Schlüssel, ließ sich aber auch von der Neugierde verleiten, öffnete das mittlere Thor und ward zu einem grünen Marmorstein. Zuletzt erschien der jüngste Bruder im Schlosse und nahm, wie seine Vorgänger, Dienst bei der Fee, erfüllte aber alle Bedingungen, öffnete die Thüre links, öffnete die Thüre rechts und ließ das Thor in der Mitte verschlossen. Da stund die gütige, anmuthstrahlende Fee vor ihm, legte die Hand auf sein Haupt und vor ihm erschloß sich in blendendem Schimmer die Herrlichkeit der Welt. Die Fee berührte dann den schwarzen und grünen Marmorstein mit einer Ruthe, gab den verzauberten Brüdern ihre frühere Gestalt wieder und hieß die drei sich mit Schätzen beladen und gehen. Das thaten die Brüder und giengen dankend von bannen. Als sie aber das Antlitz zurückwendeten, war vom Schlosse nichts mehr zu sehen und wo sich die stolzen Hallen aufgethan, stund eine schwarze Felsenwand.

Von der feuerspeienden Schlange.
(In Barbagliun bei Trons erzählt.)

Ein Ritter ritt einst auf die Jagd. Da kam ihm von ungefähr ein alter Mann entgegen und bat den edlen Herrn um eine Gabe. Dieser gab willig ein Goldstück und wurde vom armen Greis mit Segenswünschen überhäuft. Dann sprach der alte Mann: „Euch

stehen Abenteuer bevor und zu Eurem Schutze geb ich Euch einen
Fuchs mit. Den entsendet im Augenblicke der höchsten Gefahr und
er wird Euch retten." Dann pfiff der Alte und in mächtigen Sprün=
gen kam ein grauer Fuchs herbei und schmiegte sich schmeichelnd an
den Ritter. Dieser nahm das gute Thier auf den Arm, schwang
sich auf auf sein Roß und ritt von bannen, dem Alten, der mit
entblößtem Haupte da stand, Grüße zuwinkend.

Gegen Abend kam der Jüngling vor eine dunkle Höhle, stieg vom
Pferd, band dasselbe an eine Tanne, rief dem Fuchs, der ihm wie
ein Hund folgte. Kaum hatte er aber einige Schritte gethan, daß er
fast erschrocken zurück wich, denn vor ihm stand in kurzer Entfernung
eine furchtbare Feuerschlange, größer und scheußlicher, als der größte
und scheußlichste Drache. Der Ritter warf zwar mit aller Macht
den Speer in den offenen Schlund des feuerspeienden Ungethümes,
aber der eiserne Speer zerschellte, wie ein schwacher Stab. Ströme
von Flammen ausgießend, ringelte sich die Schlange in die Höhe
und wollte sich auf den Ritter werfen, um ihn zu zermalmen, als
dieser den Fuchs enteilen hieß. Darob machte die Schlange eine
Bewegung nach rückwärts. Diesen Augenblick benutzte der Ritter,
that einen raschen Sprung, deckte sich mit dem Schilde, und stieß,
den Namen Gottes anrufend, sein zweischneidiges, breites Schlacht=
schwert in das Herz der Schlange, daß dieselbe lautlos zusammen=
brach. Da kam das Füchslein wieder, lobte den Ritter ob seiner
mannhaften That und lud ihn ein, noch das Letzte zu thun und die
Königstochter mit ihren neunundneunzig Jungfrauen zu retten, die
die Schlange bewachte und die von ihr getödtet werden sollten. Der
junge Held besann sich nicht lange und folgte dem Fuchs, sich an
seinem Schwanz haltend, durch dunkle Gänge, bis er in einen gol=
denen, blitzenden Saal kam, wo die schönste Königstochter, von neun=
undneunzig Edeljungfrauen umringt, bebenden Herzens ihres ent=
setzlichen Schicksals harrte. Aber statt der vernichtenden Schlange
kam ein stattlicher Jüngling in vornehmem Kleide, der den edlen
Jungfrauen die Freiheit brachte. Da bot ihm die Königstochter ihre
Hand, er ward ihr Gemahl und sie genossen der schönsten Tage und
wenn sie nicht gestorben sind, so leben sie noch.

Die Geschichte vom Menschenfresser.
(In Comabè bei Trons erzählt.)

Sieben Knaben hatten sich im Walde verirrt und erblickten am Abend ein Lichtlein, auf welches sie zuschritten. Das Lichtlein schimmerte aus den Fenstern eines großen Hauses, in welches sie traten. In der Stube saß eine Frau und spann. Diese nahm die Kinder liebreich auf, gab ihnen zu Essen und zu trinken und versteckte sie hinter dem mächtigen Ofen von Lavetschstein. — Nach einer Stunde wurde die Thüre aufgerissen und herein kam schnaubend ein Riese mit einem fürchterlichen Rachen, tappte in der Stube umher und rief, daß die Fenster zitterten: „Ich rieche Menschenfleisch." Die Frau wollte Nichts davon wissen und Alles wäre gut gegangen, wenn nicht einer der Knaben unvorsichtiger Weise seinen Kopf hervorgestreckt hätte, daß ihn der böse Menschenfresser erblickte, und ihn in einem Augenblicke aufzehrte. Damit war aber der Hunger des Riesen nicht befriedigt. Er fraß noch einen Knaben und dann seine eigene Frau zur Strafe für ihre Lüge. Die andern Kinder sperrte er in einen Hühnerstall unter dem Ofen ein, damit sie fett würden, und legte sich schlafen. Am andern Tag erwachte der Menschenfresser nicht gar frühe, öffnete gähnend den Hühnerstall, nahm den ältesten der Knaben und frug ihn, ob er auch Läuse suchen könne. Dieser bejahte die Frage und der Riese setzte sich hin, beugte den Kopf auf die Knie und ließ den Knaben in seinen Haaren hantieren. Der Knabe war aber klugen Sinnes und kitzelte und kratzte so lange, bis der häßliche Menschenfresser in einen tiefen Schlaf verfiel. Dann langte das Kind ein breites Schwert von der Wand, hieb dem Riesen den Kopf ab, nahm alle Schätze, welche im Hause aufgehäuft waren und befreite seine Brüder.

Die Schlangenjungfrau.
(In Flutginas bei Schlans erzählt.)

Einst kam ein junger Krieger vor ein uraltes Schloß und trat in die fast zerfallenen Gemächer. Im Rittersaal erschien ihm eine anmuthige Jungfrau und bat ihn, sie zu retten, indem sie dazu

verdammt sei, alle Nächte als Schlange durch die Räume des Schlosses
zu irren. So aber Jemand den Muth habe, sie dreimal während
dreier Nächte zu küssen, der erlöse sie vom Zauber und erhalte als
Belohnung ihre Hand und ihre Schätze.
Der junge Krieger sagte fröhlichen Herzens zu und ließ sich ein
Gemach anweisen, wo er die Nacht zubringen sollte. In diesem
fand er alle möglichen Bequemlichkeiten und auf dem Tische die
köstlichsten Speisen und die allerbesten Weine. Nach genossenem
Mahle legte er sich hin und schlief. Schlag zwölf Uhr aber wurde
der Ruhende von einer gräßlichen Schlange geweckt, die sich an seinem
Bette zischend emporrichtete. Der Ritter überwand den Eckel ob
dem grauenhaften Thiere und küßte es auf den Rachen. Sofort trat ein
wunderschönes Mädchenhaupt an die Stelle des häßlichen Schlangen=
kopfes; dann verschwand die ganze Erscheinung und der Ritter schlief
ruhig weiter. In der darauf folgenden Nacht wiederholte sich der
Spuck. Der Ritter umschlang muthig den Schlangenleib, drückte
einen Kuß darauf und aus dem Ungethüme ward eine reizende Maid,
deren Körper aber in einen schuppigen Schwanz auslief. In der
dritten Nacht erschien die Schlangenjungfrau wieder, um nach dem
letzten Kuß des Ritters ihre völlige Menschengestalt anzunehmen.
Am frühen Morgen trat die gerettete Jungfrau zu dem Ritter, der
im Garten lustwandelte und bat ihn, sie nach drei Tagen vor der
Kirche im nahen Dorfe abzuholen, worauf sie dann ihre Hand für
immer in die seinige legen werde. Der Ritter that, was ihm die
Jungfrau gesagt und stieg vom Schlosse hinab in ein einsames Gast=
haus mitten im Walde. Als er am andern Morgen sich anschickte,
seinen Zopf zu drehen, da kam die Wirthin in's Zimmer und bat,
ihm bei dieser Arbeit behülflich sein zu dürfen. Der junge Mann
ließ sich die Dienstleistung gefallen und die Wirthin drehte mit zier=
lichen Händen den Zopf, steckte aber die Nadel der Vergeßlichkeit
in das Haargeflecht, so daß Jener seine Braut vergaß und gedanken=
los herrlich und in Freuden dahinlebte. Die befreite Jungfrau aber
harrte am dritten Tage seiner und als er nicht kam, schickte sie ihre
treue alte Magd zu ihm und er versprach am andern Morgen zu
kommen. Allein die arge Wirthin, die eine schlimme Zauberin war,

bot sich ihm wieder zu Diensten an und wiederholte ihre Zauber=
kunst, so daß der Edelmann der Zeit vergaß. Nach dem sechsten Tage
kam die Magd wieder und berichtete mit Thränen in den Augen,
daß der böse Zauberer wieder Macht erlangt habe über ihre Herrin
und sie nun auf dem Glasberg weile. Befreiung aber sei nur durch
den Ritter möglich, der als ein Sonntagskind über die schlimmen
Geister Gewalt habe. Die Schreckensmähre weckte den Jüngling
aus seinem halbwachen Traume und er schwur, hinzueilen, um die
Braut zu befreien. Die Alte gab ihm ein Paar goldene Schuhe,
mit welchen der Jüngling bei jedem Schritte drei Meilen machte
und so kam er noch am hellen Mittag zum Glasberge, wo ihn un=
zählige Jungfrauen mit den schönsten Augen um Rettung flehten,
aber er ließ sich nicht bethören, und ruhte nicht, bis er die Braut
gefunden, die ihn jubelnd umarmte. Da er aber nur ein Paar drei=
meilenschuhe hatte, so trat er einen davon der befreiten Freundin
ab, umschlang sie und fuhr mit Blitzesschnelle mit der theuren Last
nach dem fernen, nun entzauberten Schlosse, wo die beiden ein glück=
liches Paar und die Stammeltern' eines großen und mächtigen Ge=
schlechtes wurden.

Von den drei goldenen Aepfeln.
(In Tavanasa bei Brigels erzählt.)

War vor vielen, vielen Jahren ein König in der Ebene, der
lag seit vielen Monden krank und niemand konnte ihm helfen. Da
kam eines Tages ein Bäuerlein in die Königsburg und wurde vor
den Fürsten gelassen. Zu diesem sagte der Mann, er wolle ihn heilen,
sofern der König drei goldene Aepfel aus dem verwünschten Garten
erhalten könne. Der König ließ seine Söhne kommen und hieß
den ältesten die Aepfel bringen. Der Prinz sattelte sein Pferd und
ritt aus der Königsburg. Im Walde stieß er auf einen Bettler,
der ihn um ein Almosen bat. Aber der Prinz war harten Herzens
und schlug den armen Mann. Am Rande des Waldes stund ein
Wirthshaus, hier trat der junge Mann ein und wollte nach genos=
senem Imbiß wieder von bannen ziehen, aber die Wirthin hielt ihn

mit süßen und schmeichelnden Reden zurück (denn sie hatte wohl gemerkt, daß des Jünglings Beutel mit Goldbukaten wohl gespickt war), bis er all sein Geld verjubelt, worauf er ins Gefängniß geworfen wurde.

Als der Aelteste so lange nicht kam, machte sich der Zweite auf den Weg, ritt durch den Wald, wies, wie Jener, den Bettler ab, kam ins Wirthshaus und blieb bei Wein und Speisen so lange, bis die güldenen Dukaten ausgiengen und auch er den Weg zum Gefängniß antreten mußte.

Nach Jahresfrist bestieg der Jüngste sein Pferd, um die beiden Brüder und die drei goldenen Aepfel zu suchen. Im Walde traf er, wie die Andern, auf den alten, grauen Mann, aber er gieng nicht stolz und höhnend am Bettler vorbei, sondern reichte ihm eine Gabe. Da sprach der alte Mann mit mildem Lächeln: „Ihr seid gut, und ihr sollt die goldenen Aepfel erhalten. Geht aber am Wirthshaus am Waldesrand vorbei und laßt Euch nicht von süßen Worten umstricken. Lenket dann Euer Pferd gegen Sonnenaufgang und ehe drei Tage vergehen, werdet Ihr vor dem verwünschten Garten mit den ehernen Thoren stehen. Vorher aber müßt Ihr durch das Reich der Löwen, dann durch das der Bären und endlich durch dasjenige der Affen gehen. Seid dann aber hübsch manierlich mit den Thieren, dann thun sie Euch nichts zu Leibe, denn sie sind verzauberte Menschen, welche der Befreiung harren."

Der Königssohn dankte und ritt fröhlich weiter, das Antlitz gegen Osten gewendet, der süßen Töne nicht achtend, die aus dem Waldwirthshaus drangen. Und ehe der dritte Abend sich auf die Erde herabsenkte, hatte der Prinz das Reich der Löwen erreicht und ward vor den König geführt. Diesem offenbarte er sein Begehr und erhielt den Rath, mit der zwölften Mittagsstunde den Garten zu betreten und vier Viertelstunden später denselben zu verlassen, und zwar um keine Minute zu spät, da mit dem Schlage Eins sich die ehernen Pforten dröhnend schlössen und dann keine Rückkehr mehr möglich sei. Des Löwenkönigs solle er aber gedenken und auch ihm drei goldene Aepfel bringen.

Die gleiche Aufnahme, die gleichen Rathschläge und die gleichen Wünsche fand der Königssohn bei den Bären und Affen und als die Glocke Zwölfe schlug, stund der Prinz vor den ehernen Thoren des verwünschten Gartens, die sich krachend öffneten. In einem Baumgange fand er eine Jungfrau, die so schön war, wie die Sonne am Himmel, und er setzte sich zu ihr und erzählte ihr sein Vorhaben. Da schlang sie die lilienweißen Arme um seinen Nacken und bat ihn, die goldenen Aepfel zu holen, aber des Gesanges nicht zu achten, der ihn mit süßen Klängen verlocken werde, da er sonst die Stunde der Erlösung vergessen würde und sie und er auf immer verloren wären. Sie aber warte seiner an ihrem Platze, den sie nicht verlassen könne. Und der Prinz gieng hin, verstopfte sich die Ohren und brachte zwölf goldene Aepfel herbei, drei für seinen siechen Vater und je drei für die Fürsten im Reiche der Löwen, der Bären und der Affen. Dann nahm er die Jungfrau und führte sie durch die ehernen Thore hinaus, die sich, da es eben Eins schlug, donnernd hinter dem Paare schlossen. Treu seinem Worte, gab er die Aepfel den drei Thierfürsten und gieng mit seiner holdseligen Braut von dannen. Sie waren noch nicht weit gekommen, als hinter ihnen sich eine Wolke erhob und bald darauf ein glänzendes Gefolge herangesprengt kam, um dem königlichen Paare zu huldigen. Das Gefolge aber bestund aus Rittern, die der Prinz in den drei Reichen durch die goldenen Aepfel befreit hatte. So ritt die stolze, schimmernde Schaar durch's Land und als sie zum Waldwirthshause kamen, wurden die beiden ältern Brüder des Ritters eben zur Richtstätte geführt und waren nicht wenig froh, als sie durch ihren Bruder befreit wurden. Statt ihrer aber mußte die arge Wirthin verbluten und dann zogen alle in die Königsstadt und der König war von Stund an gesund.

Die Taube.
(In Val bei Somvir erzählt.)

Ein Ritter kam in ein verlassenes Schloß und fand in einem Gemache die besten Speisen und den feinsten Wein, die er sich wohl schmecken ließ. Als er aber gegessen und getrunken, kam ein Fuchs in das Gemach und sagte ihm, er habe verzauberte Speisen gegessen und verzauberten Wein getrunken, er müsse ihm nun sieben Jahre dienen und während dieser Zeit Holz spalten. Wenn der Ritter aber seine Pflicht thue und vor allem nicht in das kleine Gemach mitten in der Burg blicke, so würden Beide befreit werden und er, der Ritter, in den Besitz großer Reichthümer gelangen. Dieser fügte sich ins Unvermeidliche, spaltete fleißig Holz und hütete sich vor dem verhängnißvollen Gemache. Aber ehe die sieben Jahre vergiengen, hatte der Mann seine guten Vorsätze vergessen und schaute in das Gemach, aus welchem der Fuchs hervorsprang und ihm, halb zürnend, halb trauernd, sagte, sie Beide müßten noch sieben Jahre im Schlosse liegen, und er möchte sich doch vor dem Gemache hüten.

Der Ritter spaltete wieder geduldig Holz und gieng sechs Jahre lang scheu am Gemache vorüber, konnte sich aber zuletzt nicht überwinden und that, was er hätte unterlassen sollen. Da erschien der Fuchs wieder, weinte bittere Thränen und ermahnte den wankelmüthigen Ritter, während der letzten sieben Probejahre doch standhaft zu bleiben, da sie sonst Beide auf tausend Jahre hin verloren wären. Das nahm sich der Mann zu Herzen; er spaltete Holz und floh das mittlere Gemach des Schlosses, wie die Hölle, und überwand glücklich seine Neugierde. Da kam wieder der Fuchs und war überaus fröhlich und lobte und herzte in seiner Art den Ritter. Dann hieß er ihn das während der dreimal sieben Jahre gespaltene Holz zu einem Scheiterhaufen zusammentragen, ihn, den Fuchs darauf legen, den Holzstoß anzünden und der Dinge warten, die da kommen sollten.

Und der Ritter that, wie ihm befohlen. Im Schloßhofe erhob sich bald darauf ein mächtiger Holzstoß, worauf der Fuchs angebunden lag, und am dritten Tage schlug die Flamme gen Himmel empor, die Mauern und Zinnen der Burg mit überirdischem Glanze verklärend. Und wie der Ritter da stund und in das Flammenmeer schaute, da entflog dem Scheiterhaufen eine blendend weiße Taube und schwang sich empor auf goldenen Flügeln in das Abendroth gegen den lichten Aether und eine Stimme aus den Wolken rief hernieder: „Die Seele ist gerettet und Burg und Wald und Land gehören dem Ritter."

Die Adlerbraut.
(In St. Benedetg bei Somvir erzählt.)

In einer großen Stadt lebte ein armes Ehepaar, welches lang kinderlos blieb. Als ihnen der Herrgott ein Knäblein bescheerte, sagte die Wehmutter, die gar gescheidt war, man solle zum Pathen für das Kindlein den ersten besten Reiter nehmen, der des Weges komme. Der Vater gieng auf die Straße, wartete den ersten Reiter ab und bat dann diesen zu Gevatter. Der Mann sagte zu, hob das Knäblein aus der Taufe und gab sich als König eines großen Inselreiches zu erkennen. Das Knäblein aber gefiel dem Herrn so gut, daß er einen großen Haufen Goldes zurückließ mit dem Befehle, für das Kind gehörig zu sorgen, und wenn es achtzehn Jahre alt sei, es ihm zu Hofe zu schicken, wo es dann sein eigen Töchterlein zur Frau erhalten solle.

Die Eltern thaten, wie ihnen geheißen, und als der Knabe achtzehn Jahre alt wurde, sandte ihn sein Vater zum königlichen Pathen im großen Inselreiche. An einer Quelle traf er mit einem häßlichen Zwerge zusammen, der den Jüngling mit dem Tode bedrohte, wenn er nicht thue, was er wolle. Das Pathenkind des Königs mußte sich fügen und das Versprechen ablegen, den Zwerg als den künftigen Gemahl der Inselprinzessin gelten zu lassen und sich selbst als Diener zu betrachten. So gelangten die zwei in das Inselreich, und der König war nicht wenig erstaunt, als er sein vermeintliches Pathenkind sah mit dem wackeligen unförmlichen Kopf und den dünnen, schiefen Beinen. Auch der Königstochter gefiel der krummbeinige Bräutigam gar nicht gut, und sie hielt sich lieber an seinen schlanken und schönen Diener. Darob wurde der Zwerg eifersüchtig und verwünschte die Königstochter nach der Insel im Meere, wo ewiges Dunkel herrscht. Und dabei war er so boshaft, den Diener als den Zauberer zu bezeichnen, so daß dieser auf Befehl des Königs ins Gefängniß geworfen und zum Rabe verurtheilt werden sollte.

Da erschien in der Nacht vor der Hinrichtung des unglücklichen Jünglings ein ehrwürdiger Greis und gab ihm den Rath, als letzte Gnade drei mit Fleisch beladene Schiffe zu verlangen, womit er in die See stechen und die Königstochter suchen müsse. Das that der Jüngling und schwur bei dem Höchsten nicht zu rasten und nicht zu ruhen, bis er die Königstochter gefunden. Der fürstliche Vater gewährte ihm die Bitte.

Und der Jüngling fuhr hinaus in die wogende See und kam zuerst zur Insel der Bären, welchen er auf Verlangen eine Schiffs= labung voll Fleisch gab. Den Bärenkönig aber fragte er nach der Insel ohne Licht; der konnte ihm aber keinen Bescheid geben, ver= sicherte ihn indessen seiner Hülfe auf den ersten Pfiff hin. Auf der Insel der Leoparden hatte der Jüngling das gleiche Abenteuer, gab die zweite Schiffsladung, erhielt zwar keine Auskunft über die gesuchte Insel, wohl aber freudige Zusicherung der schnellsten Hülfe für den Nothfall. Auf der Insel der Adler ergieng es ihm besser. Der Adlerkönig, dem er die dritte Schiffsladung mit Fleisch über= reichte, war darüber hoch erfreut und verlieh dem Jüngling die Gabe, sich nach Belieben in einen Adler verwandeln zu dürfen, und was die Insel ohne Licht anbelangt, so erfuhr das Pathenkind des Königs durch einen alten Adler, der dort einmal gewesen war, das Nähere; ja der wackere Vogel bot sich ihm zum Begleiter an, was unser Freund gerne annahm.

So fuhren sie zusammen in die See hinaus und kamen zur lichtlosen Insel, wo sie landeten. Das erste, worauf sie stießen, war eine alte Frau, die sieben weiße Mäuse um sich hatte. Diese frug der alte Adler nach dem Schlosse, wo die fremde verzauberte Fürstin weile, und das Weib gab bereitwillig Auskunft und sagte, sie wolle ihnen ihre Mäuse als Führerinnen mitgeben. Der alte Adler aber, der an Sonne gewöhnt, in dieser lichtlosen Luft nicht leben konnte, breitete die Fittige aus und flog südwärts seiner glühenden Heimath entgegen. Die Mäuslein aber führten den Jüngling zu einer auf steilen Felsen liegenden Burg mit einem einzigen Fenster hochoben unter dem Dache, aus welchem ein blasses, edles Antlitz hinaussah in die ewig dunkle Nacht. Der Jüngling verwandelte sich in einen Adler, flog hinauf in die Dachkammer und nahm zum Entzücken seiner schönen Freundin wieder seine Gestalt an. Und die Königs= tochter sagte ihm, er müsse noch, ehe er sie befreien könne, den

Drachen tödten, der sie bewache, der horste aber im dunkelsten Theile der Burg, zu dem viele, viele Stufen hinabführten. Der junge Mann zögerte nicht lange und stieg hinab, das gezückte Schwert in der Hand, bis zur Drachenhöhle, aus der das Scheusal kampfbereit hervorblickte. Der Jüngling führte sofort einen mächtigen Hieb mit seinem Schwert nach dem Drachen; aber am Schuppenpanzer des Lindwurms brach die Klinge, wie ein leichter Stab, und unser Freund wäre verloren gewesen, hätte er sich nicht im entscheidenden Augenblick der versprochenen Hülfe erinnert und den fernen Freunden gepfiffen.

Und kaum war der Schall verhallt, daß es von allen Seiten von Bären, Leoparden und Adlern lebendig wurde und der Drache nach verzweifelter Gegenwehr den vereinten Kräften der starken Thiere erlag. Im Jubel wurde nun die Königstochter auf die Schiffe gebracht, der Drache aber verbrannt und die Asche ins Meer geworfen. Und siehe, im nämlichen Augenblicke sah sich das Pathenkind des Königs von einem zahlreichen und glänzenden Gefolge umringt — es waren die Bären, Leoparden und Adler, die durch das Verbrennen des Drachen wieder ihre Menschengestalt erhalten hatten.

Auf der Insel wurde es hell, und die Burg sank in Trümmer. Des Königs Pathenkind und die Königstochter und all' die befreiten Ritter und Edlen schifften südwärts nach dem großen Inselreiche, wo sie jubelnd empfangen wurden. Den betrügerischen Zwerg aber erreichte die schwere Hand des Königs, und er starb auf dem Rad.

Die Schwanenjungfrau.
(In Brigels erzählt.)

Es war einmal in einem fernen, fernen Lande hart am Meere ein reicher Kaufmann; der hatte einen einzigen Sohn. Als dieser großjährig wurde, übergab ihm der Vater eines seiner größten Schiffe und hieß ihn hinausfahren in das Meer, um mit fernen Völkern zu handeln und kostbare Güter in die Heimath zu bringen. Der Sohn segelte fröhlich hinaus in die See und begegnete da, wo er nichts als Himmel und Wasser sah, einem schwarzen Schiffe, welches das seinige anhielt. Der Kapitän jenes Schiffes entrollte seine blutig rothe Flagge und stieg auf das Verdeck des Kaufmanns=

schiffes, und zwar allein; denn der graue, finstere Mann leitete sein Schiff mit eigener Hand und hatte keine Bemannung. Dem Kaufmannssohne bot der Schiffsmann ein Spiel an, und die Beiden spielten und spielten, bis der junge Kaufmann Alles und dann sich selbst an den Unbekannten verlor. Dieser nahm indessen dem Jüngling nur das Versprechen ab, innert Jahresfrist das Land Amerika an einem gewissen Punkte zu betreten und schied rauh und ohne Gruß.

Der junge Kaufmann aber kehrte in die Vaterstadt zurück, wo er aber immer bleicher und stiller wurde, so daß sein Vater ob der Veränderung unruhig zu werden begann. Lange wich ihm der Sohn aus; aber endlich gestand er sein Spiel und sein Versprechen. Darob härmte sich der alte Vater, welcher den einzigen Sohn hatte und suchte Hülfe bei einem weisen Manne im Walde.

Und der weise Mann wußte Rath: Der Sohn solle, so sagte der Greis, in die See hinausfahren bis zur Insel, wo drei Schwanenjungfrauen wohnen. Von einem Versteck aus werde er die wunderbaren Vögel betrachten können, und gelinge es ihm, während Jene baden, eines der drei Schwanenkleider zu erhalten, so werde ihm die Schwänin, der das Kleid gehöre, jeden Wunsch erfüllen.

Der Kaufmannssohn befolgte den Rath und kam zur Schwaneninsel, als die drei Schwäninnen sich zum Bade anschickten. Und sie legten das Schwanenkleid ab, und ins Meer stiegen drei Jungfrauen von überirdischer Schönheit. Der junge Mann, der von einem Gebüsche aus die Schwäninnen beobachtet, sprang rasch herbei und hob das eine der drei wunderzarten Kleider auf, worauf die jüngste und schönste der Schwanenjungfrauen zu ihm heraufgeschwommen kam und nach seinem Begehren fragte. Der Jüngling forderte von ihr Hülfe zu jeder Zeit und Treue für immer. Das sagte ihm die Jungfrau zu, und er küßte sie auf die Stirne.

Und die Jungfrau gab ihrem Bräutigam eine Gerte, und er schlug damit auf das Meer und kam trockenen Fußes nach dem fernen Amerika.

Am Ufer harrte schon seiner der grimme Spieler und führte ihn in sein Haus, wo in fünfzehn goldenen Käfigen fünfzehn abgeschlagene Köpfe hingen. „Der sechszehnte," sprach der harte Mann, „ist für deinen Kopf, sofern du nicht die drei Arbeiten vollbringst, die ich dir auferlegen werde." Die erste Aufgabe bestund darin, einen Urwald mit gläserner Axt zu fällen. Beim ersten Hieb aber zersprang die Axt, und der Kaufmannssohn rang die Hände vor Jammer und Schmerz. Da legte sich eine weiche Hand auf seine Schulter, und als er sich umsah, lächelte ihm mild seine Schwanenbraut entgegen und schmollte mit ihm im liebevollsten Ton, daß er ihrer vergessen habe im Augenblicke der Noth. Er solle sich nur hinlegen und schlafen, es werde ihm geholfen werden. Und er schlief, und als er erwachte, war der Wald gefällt und das Holz gespalten, die Schwanenjungfrau aber verschwunden. Die zweite Arbeit bestund im Abtragen eines Berges und Anpflanzung eines Weingartens. Der Jüngling vergaß aber diesmal seine mächtige Freundin nicht, rief sie herbei, und sie kam, ehe er noch den Ruf vollendet, und er legte sich hin und schlief, und als er erwachte, war die Arbeit vollendet. Die dritte Arbeit aber war die schwerste. Der Grimme warf seinen goldenen Ring ins Meer und hieß den Kaufmann denselben auf papiernem Schiffe suchen und binnen drei Tagen zurückbringen, sofern ihm sein Kopf lieb sei.

Und der Jüngling gieng traurig auf sein sonderbares Schiff und wollte verzweifeln, als die Schwanenjungfrau plötzlich wieder an seiner Seite stund und mit ihrer lieben Stimme sagte, er solle ihr das Haupt vom Rumpfe trennen, und es werde ihm geholfen werden. Ob der entsetzlichen Zumuthung schauderte der junge Mann und weigerte sich, die That zu vollbringen. Aber die Jungfrau bestand darauf, und als das Haupt herniederrollte, fielen drei Blutstropfen in das Meer, und der goldene Ring kam sofort an die Oberfläche des Wassers, woraus auch die Schwanenjungfrau, herrlicher als je, emportauchte und in die Arme ihres Bräutigams eilte. Hand in Hand giengen die zwei Glücklichen in das Haus des grimmen Schiffers, dessen ehernes Antlitz sich aber glättete beim Anblick der wunderholden Jungfrau; denn sie war seine eigene Tochter. Und er gab sie dem Kaufmannssohn zur Frau und als Mitgift des Goldes die Fülle, und das junge Ehepaar zog in die Heimath des Gemahls, wo sie der alte Kaufherr segnend umfieng.

www.ingramcontent.com/pod-product-compliance
Lightning Source LLC
Chambersburg PA
CBHW020055170426
43199CB00009B/286